网店客户服务

吴 燕 ◎ 主 编
胡新新 钱 柘 ◎ 副主编

电子工业出版社
Publishing House of Electronics Industry
北京·BEIJING

内 容 简 介

本书系统阐述现代客服实务操作与技能提升，全方位覆盖话务客服、在线商城客服及直播客服三大主流服务场景，详尽梳理客服工作的全流程，即从基本礼仪到处理客户咨询、投诉和售后服务等各项业务的标准操作流程，以及客服工具的操作步骤等，并传授针对各类客户需求的服务策略与沟通技巧。本书以实战导向为核心，注重理论与实践相结合，帮助读者全面提升在不同场景下的客户服务能力和专业水平，打造真正的金牌客服团队。本书立足于实战训练与技能提升，旨在培养适应多元客服场景、具有卓越服务能力的专业人才。

本书既能满足各大院校电子商务及相关专业的教学需求，也可以作为网络创业者、电子商务从业者的实操指南与技能修炼手册。

未经许可，不得以任何方式复制或抄袭本书之部分或全部内容。

版权所有，侵权必究。

图书在版编目（CIP）数据

网店客户服务 / 吴燕主编. -- 北京 : 电子工业出版社, 2024. 9. -- ISBN 978-7-121-48886-3
Ⅰ．F713.365.2
中国国家版本馆 CIP 数据核字第 2024ZN5400 号

责任编辑：罗美娜
印　　刷：北京捷迅佳彩印刷有限公司
装　　订：北京捷迅佳彩印刷有限公司
出版发行：电子工业出版社
　　　　　北京市海淀区万寿路 173 信箱　　邮编：100036
开　　本：880×1230　1/16　　印张：16.25　　字数：344 千字
版　　次：2024 年 9 月第 1 版
印　　次：2025 年 5 月第 3 次印刷
定　　价：56.00 元

凡所购买电子工业出版社图书有缺损问题，请向购买书店调换。若书店售缺，请与本社发行部联系，联系及邮购电话：（010）88254888，88258888。

质量投诉请发邮件至 zlts@phei.com.cn，盗版侵权举报请发邮件至 dbqq@phei.com.cn。

本书咨询联系方式：（010）88254617，luomn@phei.com.cn。

前 言

随着互联网技术的飞速发展与消费模式的不断创新，电子商务行业正迅速改变着全球经济格局。在这个瞬息万变的时代背景下，客服岗位所扮演的角色发生了深刻转变，从单一的信息传递者升级为品牌形象塑造者、客户关系管理者及销售转化的关键推动者。优秀的客服人员不仅是企业与消费者之间的桥梁，更是企业竞争力的核心要素之一。客服岗位的工作已不再局限于传统的电话咨询服务，而是扩展至多渠道、多媒体、全天候、全方位的服务体系，其中涵盖了话务客服、在线商城客服、直播客服等多种形态。

为了更好地顺应这一趋势，编者精心编写了本书，力求提供一套既符合行业前沿实践又便于实际操作的教学体系。全书包含三篇内容。

第一篇——话务客服篇，通过严谨的项目式教学，带领读者深入了解和掌握规范化的话务客服工作流程，详细介绍话务客服人员所需的沟通技巧、问题解决策略，以及如何高效利用现代话务客服工具提升服务质量。

第二篇——在线商城客服篇，针对电子商务平台上的客服实践，系统性地展示了如何按照项目要求规范处理订单、售后、纠纷等一系列事务，同时解析如何有效运用在线客服工具，实现精准服务与个性化关怀。

第三篇——直播客服篇，与时俱进地聚焦新兴的直播电商场景，详解直播客服人员在实时互动过程中的角色定位与任务执行，指导读者学会灵活应对直播间的各种复杂情况，借助直播后台管理系统及辅助工具增强服务效果。

在每个项目中，不仅设置了明确的项目情景和学习目标，还融入了生动的实战案例，辅以详尽的任务实施步骤和头脑风暴环节，力求让读者能够做到举一反三，将理论知识转化为实际操作能力。此外，穿插的知识链接模块可进一步拓宽读者的视野，使读者在不断拓展专业知识的同时，了解行业动态和最佳实践。

本书以其内容的丰富性、实战性强，结构层次清晰，以及案例研究的多样性为主要特色，旨在培养符合新时代要求的全能型客服人才，助力企业在激烈的市场竞争中持续提升客户体验，赢得客户的信赖与忠诚。

让我们一起翻开这本书，共同踏上通往金牌客服之路，共创电子商务服务的新辉煌。

目 录 CONTENTS

话务客服篇

项目一　规范话务客服工作 3

　　任务一　认识话务客服 4
　　　　子任务1　整理话务客服人员的工作内容 5
　　　　子任务2　探究话务客服的岗位职责 7

　　任务二　了解话务客服人员的核心素养 15
　　　　子任务1　解读话务客服人员的专业素养 16
　　　　子任务2　解读话务客服人员的心理素养 20
　　　　子任务3　解读话务客服人员的综合素养 21

　　任务三　学习话务客服人员的规范用语 28
　　　　子任务1　探究话务客服人员的规范用语 28
　　　　子任务2　了解话务客服人员的用语禁忌 39

　　任务四　明确话务客服人员的职业技能要求 44
　　　　子任务1　了解职业概况 44
　　　　子任务2　了解基本要求 46

项目二　使用话务客服工具 51

　　任务一　整理常用的话务客服工具 52
　　　　子任务1　了解话务客服工具的分类 53
　　　　子任务2　认识常用的话务客服工具 56

任务二	运用话务客服工具	61
子任务 1	了解话务客服工具的功能	61
子任务 2	掌握话务客服工具的使用流程	65

项目三　掌握话务客服工作技巧 ... 73

任务一	体验话务沟通	74
子任务 1	总结话务客服沟通的特点	75
子任务 2	在话务客服中应用沟通六步法	78
任务二	运用话务沟通技巧	88
子任务 1	整理话务客服工作的常见问题	88
子任务 2	总结话务客服问题的补救方法	90
任务三	完善话务客服话术	97
子任务 1	拟定各场景下的话务客服话术	97
子任务 2	利用沟通技巧优化话务客服话术	100
任务四	训练话务客服业务	104
子任务 1	掌握呼入类话务客服业务	105
子任务 2	掌握呼出类话务客服业务	106

在线商城客服篇

项目四　认识在线商城客服的工作规范 ... 115

任务一	规范在线商城客服人员的用语	116
子任务 1	搜集在线商城客服人员的规范用语	117
子任务 2	整理在线商城客服人员的用语规范	118
任务二	梳理平台规则	122
子任务 1	探究平台规则的学习途径	123
子任务 2	梳理平台规则的要点	123
子任务 3	分析常见的违规行为	125
任务三	熟悉在线商城的常见活动	132
子任务 1	认识在线商城的常见活动	133
子任务 2	梳理常见活动的规则清单	133

项目五　使用在线商城常用客服工具 139

任务一　分析常用客服工具 140
- 子任务1　整理客服工具列表 141
- 子任务2　梳理各客服工具的属性功能 141
- 子任务3　对比分析各客服工具 142

任务二　使用客服工具 146
- 子任务1　下载并安装客服工具 146
- 子任务2　设置客服工具 148
- 子任务3　设置常用接待工具 151

项目六　处理售前、售中、售后的客服工作 160

任务一　运用客服工作技巧 161
- 子任务1　处理售前、售中的客服工作 162
- 子任务2　处理售后客服工作 167

任务二　维护客户关系 174
- 子任务1　分析客户信息 175
- 子任务2　维护客情关系 177

任务三　分析客服数据 184
- 子任务1　采集客服绩效数据 184
- 子任务2　分析客服绩效数据 186

直播客服篇

项目七　规范直播客服工作 193

任务一　规范服务用语 194
- 子任务1　搜集规范用语和不规范用语 195
- 子任务2　分类整理规范用语和不规范用语 196

任务二　了解平台规则 200
- 子任务1　搜集平台规则 200
- 子任务2　梳理平台规则的模块 201

任务三	分析促销活动	205
	子任务1　探究促销活动的分类	205
	子任务2　对比不同促销活动的内容和玩法	206

项目八　使用直播客服常用工具 210

任务一	分析常用直播客服工具	211
	子任务1　收集、整理直播客服工具	212
	子任务2　梳理直播客服工具的属性功能	212
	子任务3　对比分析不同直播客服工具	213
任务二	运用直播客服工具	217
	子任务1　下载并安装直播客服工具	217
	子任务2　设置直播客服工具的常用功能	219

项目九　做好直播客服售后工作 226

任务一	运用售后服务工作技巧	227
	子任务1　处理退换货	228
	子任务2　维护评价	231
任务二	处理客户投诉	238
	子任务1　分析客户投诉的原因	239
	子任务2　妥善处理客户投诉	239
任务三	维护私域流量	243
	子任务1　活跃私域流量客户	243
	子任务2　挖掘私域流量客户的价值	246

话务客服篇

21世纪初，互联网技术大潮席卷全球，数字化时代的到来吹响了我国经济腾飞的号角，客服岗位作为联系企业与客户之间的纽带，承载了越来越多的社会职能和公众期待。在数字化时代，企业只有及时地感知客户需求，并迅速而持续地满足不断变化的客户需求，才能够在激烈的市场竞争中脱颖而出。话务客服作为传统客服中不可或缺的一种客户服务形式，在电子商务领域依然占有举足轻重的地位。

引导案例

客服人员"工作失误"使客户遭遇"信誉危机"

在西安做生意的廖某曾是某通信公司的老客户。2021年9月,因公司业务需要,廖某办了一张另一家通信公司的电话卡。原号码没欠费,暂时也没注销,一直处于闲置状态。11月下旬,几个朋友和客户的抱怨电话扰乱了他平静的生活。

廖某摸不着头脑,他的客户周先生详细描述了通话内容:"您好,是周先生吗?""您是?""我是联通客服人员,请问您认识廖××吗?""认识,怎么了?""他是我们的客户,现在有积分换大礼活动,请您通知他来换取……"

"周先生是我的老客户,最近我们正在商谈一笔生意,可这个电话让他对我的信誉产生了怀疑,他甚至问我是不是欠费了,客服人员有意在'探风',生意也谈不下去了。"廖某想想就气恼,明明是自己的事情,联通客服人员为什么要去骚扰别人?廖某后来又和联通客服人员交涉了三四次,让他不满的是,联通客服人员并不认为自己的做法有问题。联通公司的工作人员解释,因廖某几个月未用此号,本着为客户贴心服务的宗旨,他们此举是想知道是不是客服人员哪里做得不好,以期改进,因迟迟无法联系上廖某,所以才试图联系别人。至于把电话打到了廖某的客户那里并给其造成了不良影响,工作人员称属于"工作失误",向廖某致歉,并表示可以帮其向周先生澄清事实。

"朋友、客户的通话资料都是我的隐私,客服人员想留住客户我可以理解,但他没有尊重我,并给我造成了不良影响。"廖某表示不排除会使用法律手段维权。对此,律师张某认为,联通公司有为客户的资料和通话信息保密的义务,除非是应公安、司法部门的要求,否则不得私自调取客户的通话号码进行联系,客服人员这样做侵犯了他人的隐私权。

案例思考:

结合上述案例,请思考话务客服人员的主要工作内容是什么?在实际工作中应当如何合法合规地开展客服工作?

项目一

规范话务客服工作

项目情景

杭州某茶业有限公司 2008 年成立于素有"人间天堂"之美誉的杭州,杭州拥有历史悠久的茶文化,自古以来便是名茶产区。该公司以"更+放心、更+贴心、更+专心"的服务,传递茶叶的健康力量,为客户的健康生活加分,承诺做到:全年在线,随时沟通;售后无忧,24 小时响应,48 小时解决;30 天无理由退换货并承担邮费。可见该公司非常重视话务客服的相关工作。为了使话务客服人员在业务开展过程中有一个方便、快捷、规范的操作方法可循,该公司在开展项目的同时,还让各工作部门进行协调,统一规则,形成一套成熟的话务客服工作规范,从而提高项目的运作效率,使客户得到更优质、更满足个性化需求的服务。

学习目标

知识目标

1. 了解话务客服人员的工作内容和岗位职责;
2. 熟悉话务客服人员的核心素养;
3. 了解话务客服人员的规范用语和工作注意事项;
4. 熟悉并理解话务客服人员的国家职业技能要求。

能力目标

能够利用网络工具主动探究与总结话务客服的岗位职责与工作规范。

素养目标

1. 具备诚实守信、爱岗敬业的职业道德,能够在客户服务中养成良好的工作习惯,展现积极的工作态度；

2. 具备良好的合规意识，严于律己，能够按照岗位职责与工作规范的要求开展客户服务工作。

任务预览

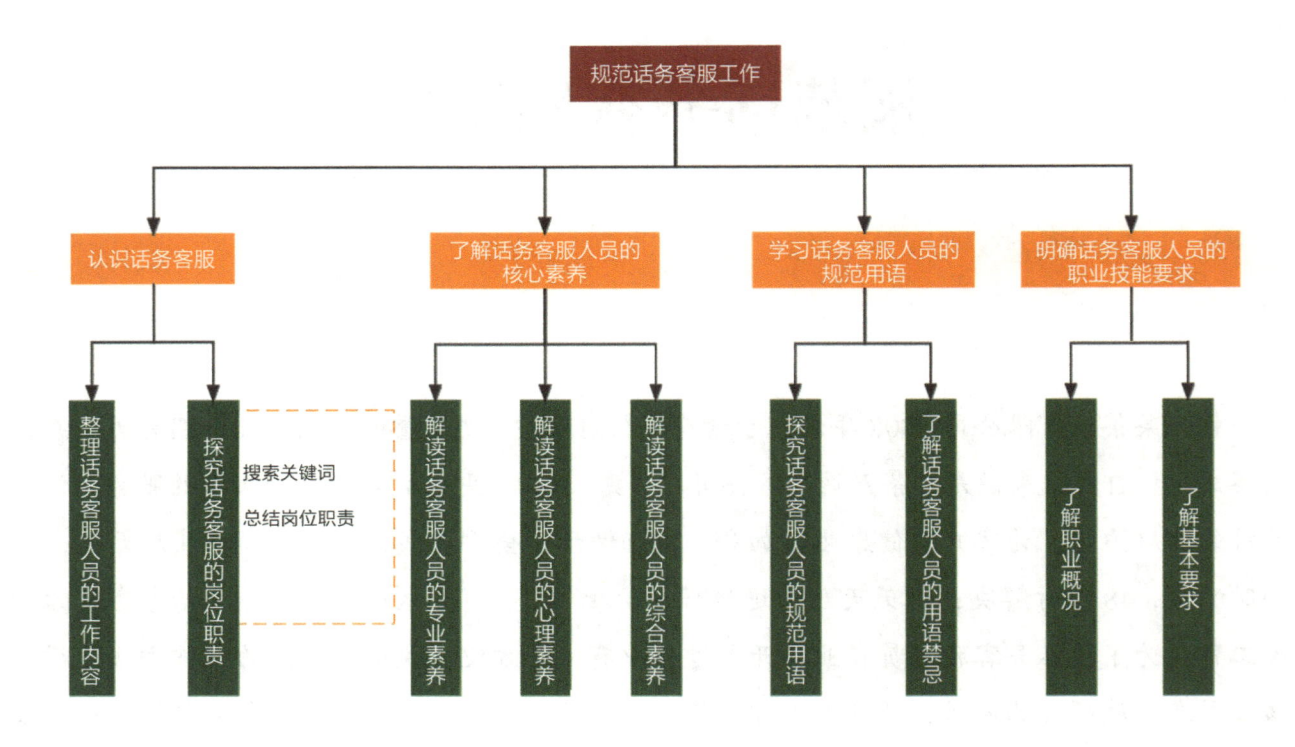

```
                    规范话务客服工作
    ┌───────────────┬───────────────┬───────────────┐
  认识话务客服   了解话务客服人员的   学习话务客服人员的   明确话务客服人员的
                  核心素养              规范用语              职业技能要求
   ┌────┬────┐   ┌────┬────┬────┐   ┌────┬────┐   ┌────┬────┐
  整理  探究    解读  解读  解读    探究  了解    了解  了解
  话务  话务    话务  话务  话务    话务  话务    职业  基本
  客服  客服    客服  客服  客服    客服  客服    概况  要求
  人员  人员    人员  人员  人员    人员  人员
  的工  的岗    的专  的心  的综    的规  的用
  作内  位职    业素  理素  合素    范用  语禁
  容    责      养    养    养      语    忌
```

搜索关键词
总结岗位职责

任务一　认识话务客服

任务描述

话务客服是话务客服人员代表公司通过电话与客户进行沟通的一种方便、快捷的方式。对于销售型公司，话务客服人员也可称为销售客服人员，针对售前、售中、售后的客户需求提供服务；对于服务型公司，话务客服人员主要负责与客户咨询、售后服务相关的工作。小华刚刚入职杭州某茶叶有限公司，担任客服部的话务客服人员，主要负责 B2B 相关业务的客户服务工作。带着对客服工作的好奇与热情，小华需要尽快熟悉并开展工作。首先，小华需要了解话务客服人员的具体工作内容和岗位职责。

通过对本任务的学习，请同学们基于小华的任务情境，以信息搜集与案例学习的方式主动学习话务客服的相关知识，借助网络信息搜索和岗位实践深入了解话务客服人员的具体工作内容和岗位职责。

任务目标

1. 了解话务客服人员的工作内容；
2. 熟悉话务客服人员的岗位职责；
3. 具备诚实守信、严于律己的职业道德素养。

任务准备

1. 准备良好的网络条件，保证电脑等设备正常且稳定；
2. 与同学建立探究小组，模拟实战情景。

任务实施

子任务 1　整理话务客服人员的工作内容

大部分企业都会基于其业务内容及服务特性，制作客服工作手册，在工作手册中会详细罗列出客服人员的工作内容，为每一位客服人员明确职责范围。一般话务客服人员的工作内容主要包括售前支持、售中跟踪和售后服务三个方面。其中，售前支持的主要内容为产品介绍，引导并说服客户达成交易；售中跟踪的主要内容为对客户订单生产、发货、物流状态的跟进；售后服务的主要内容为处理客户反馈的问题，以及退换货、投诉处理等。

小华刚加入杭州某茶叶有限公司客服部的话务客服组，他需要通过学习部门工作手册，查询招聘网站上关于话务客服的工作内容描述，整理出自己日后的工作内容，并形成一份工作内容说明清单。

话务客服人员的具体工作内容如表 1-1 所示。

表 1-1　话务客服人员的具体工作内容

序号	方面	主要内容
1	售前支持	产品介绍，引导并说服客户达成交易
2	售中跟踪	对客户订单生产、发货、物流状态的跟进
3	售后服务	处理客户反馈的问题，以及退换货、投诉等

网店客户服务

头脑风暴

请采用网络资料查找的方式,在招聘网站上搜索与话务客服相关的岗位招聘信息,根据信息中的工作内容,分别整理并记录销售型公司和服务型公司中话务客服人员在售前、售中、售后的工作内容,并将表 1-2 填写完整。

表 1-2　销售型公司和服务型公司中话务客服人员在售前、售中、售后的工作内容

分类		工作内容
销售型公司	售前	
	售中	
	售后	
服务型公司	售前	
	售中	
	售后	

知识链接

四类客服人员的工作内容介绍如表 1-3 所示。

表 1-3　四类客服人员的工作内容介绍

类别	工作内容介绍
外呼类客服人员	外呼类客服人员,顾名思义,就是需要主动联系客户并提供客户服务的客服人员。比如,外呼类客服人员常常给客户打电话,进行网点满意度调查、套餐推荐、问卷调研、公司优惠活动通知、资料审核、邀请等。外呼类客服人员的工作内容主要以介绍服务、核实服务、推荐服务为主
呼入类客服人员	呼入类客服人员是负责接听客户主动打进来的电话并提供服务的客服人员。比如,各公司的售后服务热线,客户服务热线,咨询、订票、订餐热线等由呼入类客服人员负责接听
在线类客服人员	在线类客服人员,又可称为网络客服人员。客户通过网络媒介与内部员工进行及时沟通,由在线类客服人员提供相应的服务。随着网络的不断发展,在线类客服人员需要同时解决客户在通过网络浏览相应内容时出现的疑问或问题
视频类客服人员	视频类客服人员,又可称为语音视频客服人员,是平台在线类客服人员的一个升级版本。客户通过某种平台小程序直接接入客服中心座席端,与视频类客服人员进行视频语音通话,视频类客服人员为客户提供一系列服务。视频类客服人员多出现在金融、保险等行业中,如银行股票开户审核资料等场景

项目一　规范话务客服工作

子任务 2　探究话务客服的岗位职责

活动 1：搜索关键词

通信、金融、商务等服务行业对话务客服岗位的需求量与日俱增，而在不同的行业与企业中，话务客服岗位的职责也会有所差异。想要了解各行业中话务客服的岗位职责，可以通过造访相关企业、展开问卷调查、搜集招聘网站发布的信息等方式来进行。小华为了对话务客服的岗位职责进行更深入的了解，在现有条件下决定采用搜索招聘网站发布的信息的形式来探究话务客服的岗位职责。

小华准备在智联招聘、BOSS 直聘、51job 等招聘网站进行信息搜集。各大招聘网站一般都提供相关职位的搜索引擎，小华可以根据不同行业、不同工作地点与不同职位类型等进行筛选与搜索。为了搜索出典型的有代表性的企业职位，小华需要先确定搜索需要采用的地点分类与关键词。因此下一步小华需要确定招聘信息的搜索关键词，并记录岗位职责。

智联招聘和 BOSS 直聘的职位搜索页面如图 1-1 和图 1-2 所示。

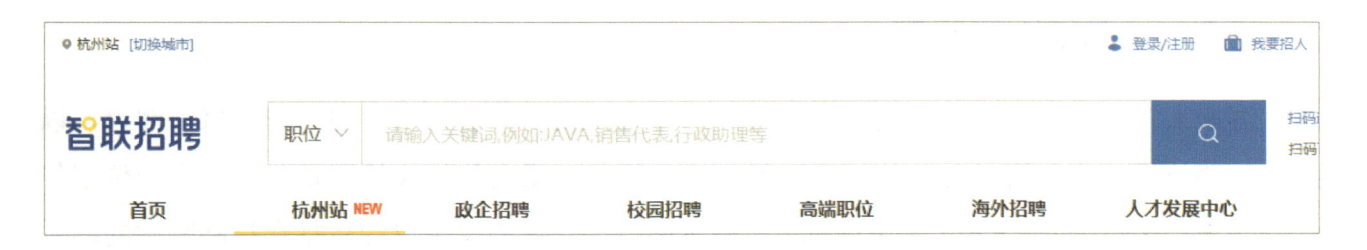

图 1-1　智联招聘的职位搜索页面

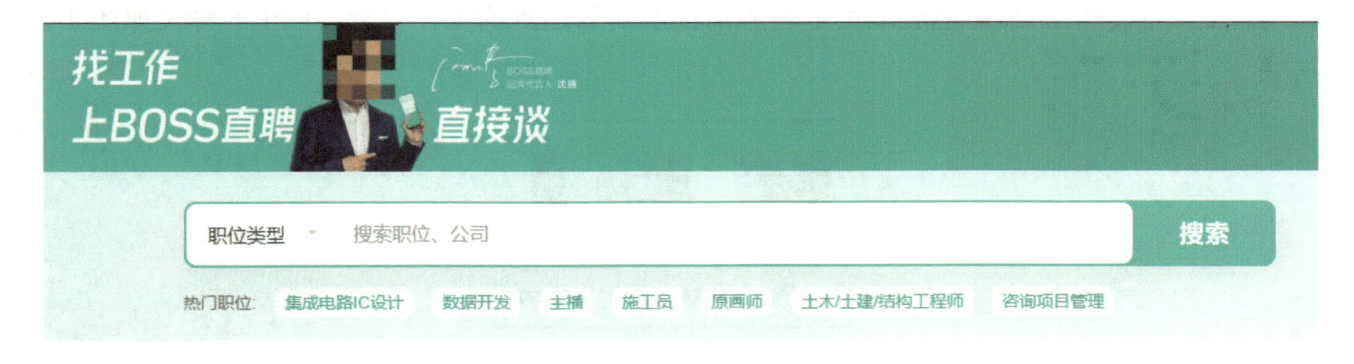

图 1-2　BOSS 直聘的职位搜索页面

头脑风暴

请同学们想一想，在招聘网站进行职位搜索时应当选择哪些关键词？应当选择哪些城市作为搜索地点？请将备选对象填入表 1-4。

表 1-4 职位搜索表

序号	关键词	待选城市
例	电商售后客服人员	杭州
1		
2		
3		
4		

小华通过在各大招聘网站搜索关键词，整理出各类话务客服人员的岗位职责。

_____

_____

_____

活动 2：总结岗位职责

客服人员在日常工作中，需要处理客户的咨询与投诉，协调客户的障碍申报与派单，以及总结并反馈客户的意见与建议等。一般来说，话务客服人员的岗位职责包括基本岗位工作任职要求与岗位绩效（KPI）要求两部分。基本岗位工作任职要求已经包括在招聘网站的职位描述中，小华在活动 1 中已经获取相关信息；岗位绩效要求是对话务客服人员工作能力的考核与评定，能够更加细化地展现话务客服岗位所需要达到的工作要求。KPI 的释义如图 1-3 所示。

KPI

Key Performance Indicator

关键绩效指标

图 1-3 KPI 的释义

小华现在需要利用网络搜索工具对话务客服的岗位职责进行了解与总结，在搜索引擎中对"呼叫中心客户服务岗位绩效"词条进行搜索，记录客户服务岗位的绩效要求，并根据各项考核指标整理出话务客服的岗位职责，填入表 1-5 中。

表 1-5　利用岗位绩效要求总结话务客服的岗位职责

序号	岗位绩效要求	岗位职责
例	平均处理时间不能持续长于团队均值	对业务内容非常熟悉,能够与客户进行有效的沟通,通过高效的话术沟通达到服务客户的业务要求
1		
2		
3		
4		

知识链接

每个企业的呼叫中心都需要有一套相应的绩效目标,使每个指标都有相应的定量目标,企业可以根据定量目标实现不同的 KPI 管理、数据分析等。一般企业对话务客服人员进行绩效考评的相关指标如下。

一、出勤率

呼叫中心的出勤率和企业其他部门的出勤率一样,都是根据员工的工作时间来计算的。出勤率对呼叫中心非常重要,一般按工作类型或工作组计算,不同类型的岗位需要单独计算。

二、准时出勤率

准时出勤率等于准时出勤天数除以当月工作天数,排除请假、培训等情况。

三、座席利用率

座席利用率是衡量客服工作效率和资源利用情况的一个重要指标,管理者可以根据这一指标监控业务情况,并根据业务情况合理安排资源。

四、平均处理时间

话务客服人员或团队处理客户所有问题的平均时间。如果某个话务客服人员的平均处理时间持续长于团队平均水平,此时监控可能会派上用场,从而分析原因是沟通问题、不清楚流程,还是培训问题等。

五、日常处理量

日常处理量是指用本月 ACD（Automatic Call Distribution,自动呼叫分配,也称为排队机,指一种能把来话呼叫自动按一定顺序分配给空闲应答座席的安排系统）接入的电话总数除以工作日所得的数据。可根据日常处理量合理调整话务座席。如果每天电话太多或太少,则需要分析具体原因。

六、服务质量

从客户的角度来看,服务质量包括话务客服人员回答问题的准确性、一致性,以及话务客服人员的知识面、沟通能力等。

七、重大错误率

客服系统中发生重大故障的频率,重大故障包括自动呼叫分配系统崩溃、客户数据丢失和重要功能完全失效等。重大故障会影响到客户服务的连续性和质量,因此重大错误率是需要密切监控的指标。

八、客户投诉率

客户投诉率是指客户投诉数占处理呼叫数的百分比。

经验之谈

1. 工作内容是指一个工作岗位每天具体从事的工作。
2. 岗位职责主要强调的是岗位人员在工作范围内所应尽的责任。

课堂小练

小华通过探究实践,已经比较深入地了解了话务客服,现在他需要将话务客服人员的岗位职责与自己所任职公司的具体客户服务需求对应上。根据公司经营茶叶的B2B销售业务需求,小华需要先完成公司客户服务需求的主体分析,再一一结合在活动中探究的结果,为自己的工作岗位设定具体的工作内容和岗位职责。请同学们帮助小华完成工作岗位分析,并按照下列步骤完成主要分析内容的填写。

步骤1:公司客户服务需求分析

公司客户服务需求分析可以从分析客户需求出发,客户需求是业务人员的核心出发点。根据马斯洛关于"人的需求有五个层次"的分析模型和方法,客户需求可以分为五个层次,它们从低到高依次是产品需求、服务需求、体验需求、关系需求和成功需求。同学们可以根据小华所在公司的业务需求,从这五个方面对客户服务需求进行分析,将结果填入表1-6中。

表 1-6　根据客户需求层次分析客户服务需求

序号	客户需求层次	客户服务需求
1	产品需求	
2	服务需求	
3	体验需求	
4	关系需求	
5	成功需求	

步骤 2：工作内容与岗位职责分析

从小华所在公司的客户服务需求出发，结合话务客服的岗位职责，请同学们帮助小华分析话务客服人员的具体工作内容和岗位职责，将结果填入表 1-7 中。

表 1-7　话务客服人员的具体工作内容和岗位职责

序号	具体工作内容	具体岗位职责
1		
2		
3		
4		
5		

任务拓展

拓展任务一

除了通过搜集招聘网站发布的信息与梳理 KPI 来得到岗位职责，利用网络搜索文档资源或查阅相关企业文件，也可以补充话务客服岗位职责其他方面的内容。

小华由此对还可以利用哪些渠道和方法得出话务客服人员的岗位职责进行了思考，并将想到的信息获取方法与获取结果记录了下来。

1．信息获取方法

例：查看招聘要求。

_____

_____

2．补充话务客服人员的岗位职责

例：管理客户信息、实时更新客户数据库、建立和维护良好的客户关系。

_____

_____

拓展任务二

请同学们结合任务描述及任务实施的内容与方法，分析并提炼出话务客服区别于其他客服工作的特点，分析过程需要符合以下要求：

1．能够利用网络进行资料的搜集调查；

2．明确除话务客服外还有哪些种类的客服工作；

3．分析其他客服工作的特点，并逐一与话务客服进行对比分析；

4．能够总结出话务客服与其他客服工作的异同点，并根据话务客服的特点，确定话务客服人员的职业技能需求。

任务工单 1-1

任务工单 1-1 如图 1-4 所示。

项目名称：		任务名称：
学号：		姓名：
任务描述		

周帅是某高职院校的毕业生，近期入职了一家主营数码科技产品的电商 B2B 企业。该企业的数码电子产品以新潮、具有科技感为特色，右图所示为该企业重点推广的一款无线机器人摄像头产品。由于这款新潮的摄像头产品近期格外受各平台店铺欢迎，企业打算增加客服工作的投入，以获取更多的合作店铺。周帅作为新员工，需要通过团队的工作能力考核。

接下来他将根据店铺的业务需求，利用所学知识完成当下话务客服工作内容与岗位职责的分析、总结。

图 1-4　任务工单 1-1

任务实施

任务一：整理话务客服的工作内容

通过利用网络搜索的方式，在招聘网站上搜索与话务客服相关的工作内容，根据企业产品的特点，总结话务客服的工作内容并填写在下表中。

序号	工作内容
1	为客户提供快速、准确与专业的产品相关技术查询及销售服务
2	
3	
4	
5	

任务二：探究话务客服的岗位职责

通过对企业客户服务需求的调查与分析，总结出话务客服的岗位职责，并分析为了履行岗位职责，话务客服人员应当具备怎样的职业能力。

岗位职责	职业能力
例：负责对已购客户进行维系	例：沟通能力、语言表达能力

教师点评

图 1-4　任务工单 1-1（续）

任务评价

基于学生在本任务中学习、探究、训练时的课堂表现及完成结果，参照表 1-8 所示的考核内容及要求对学生进行评价，每条考核内容及要求的分值为 10 分，学生总得分=30%×学生自评得分+30%×教师评价得分+40%×企业评价得分。

表 1-8　学生考核表（一）

类别	考核项目	考核内容及要求	学生自评得分（30%）	教师评价得分（30%）	企业评价得分（40%）
技术考核	质量	能够利用网络对话务客服的工作内容与岗位职责进行搜集			
		能够根据搜集到的资料总结出话务客服人员的工作内容与岗位职责			
		能够根据实际电商业务对应话务客服人员在售前、售中、售后不同场景中的工作内容			
		能够通过招聘网站的搜索引擎对话务客服的招聘信息进行搜索与筛选			
		能够结合企业实际经营情况进行话务客服工作内容与岗位职责的具体分析			
		能够根据任务实施方法拓展新的信息获取渠道，并补充岗位职责的内容			
非技术考核	态度	学习态度认真、细致、严谨，讨论积极，发言踊跃			
	纪律	遵守纪律，无无故缺勤、迟到、早退行为			
	协作	小组成员间合作紧密，能够互帮互助地工作			
	文明	合规操作，不违背平台规则、要求			
总计					

存在的问题	解决问题的方法

任务二 了解话务客服人员的核心素养

任务描述

话务客服人员是一个销售型公司或服务型公司对外的窗口，其不仅要具备基本的道德素养与良好的心理素质，还要熟悉公司相关产品的专业知识，在工作中不断学习，更新工作所需要的专业知识与技巧。小华了解了话务客服人员的具体工作内容和岗位职责，并简单分析了话务客服人员所需具备的职业能力。现在，他还需要更进一步地了解话务客服人员的核心素养，熟悉今后在话务客服工作中需要锻炼的核心素质能力。

通过对本任务的学习，请同学们基于小华的任务情境，学习经典的客户服务案例，从客户服务典型工作中汲取经验，促进自己在岗位核心素养方面的提升。

任务目标

1. 学习与解读优秀的客户服务案例；
2. 能够分析与总结话务客服人员的基本素养与核心素养；
3. 具备诚实守信的职业操守，促进自己在核心素养方面的提升。

任务准备

与同学建立讨论小组，模拟客服工作场景，为分析、总结话务客服人员的核心素养做准备。

任务实施

一个业务能力强的话务客服人员需要具备充足的专业知识、强大的心理素质、独立解决问题的综合能力，以及通过积累丰富经验所得的沟通技巧。话务客服人员的核心素养具体都有哪些？小华带着这个问题，查到案例1，通过对案例1的解读，其对话务客服人员的专业素养进行了分析与总结。

子任务1 解读话务客服人员的专业素养

头脑风暴

请同学们在解读案例前，先思考并讨论话务客服人员的专业素养体现在哪些方面，以及具备专业素养对客户服务工作有什么作用。

话务客服人员的专业素养：

_____

_____

_____

具备专业素养的作用：

_____

_____

_____

_____

案例1

移动电话营销合理推荐业务服务客户

案例原音重现如下。

客户代表：您好，这里是北京移动10086，我是您的服务专员4643号，先生您是135×××××××的机主对吧？打扰您了！联系您是为您推荐一款针对移动尊贵客户推出的尊享计划套餐，该套餐内国内流量您可以安心使用，而且短信和语音是不限量的，简单跟您介绍一下，您看方便吗？

客户：不限量的？月租多少钱？

客户代表：是这样的，根据您目前的消费情况，我们建议您办理588元/月的尊享计划套餐，该套餐内容很简单，您在国内打电话的语音时长是不受限制的，您打多长时间都行，然后国内短信也不限条数，流量给您100GB，就算超出之后您也可以安心使用，不用交任何费用，而且这个流量在国外也可以直接使用。

客户：接听电话也是免费的吗？

客户代表：您放心接听电话，肯定是免费的。

客户：500多元的话费对我来说有点多了，我基本上每月的话费在400元左右。

客户代表：没关系，先生，您如果觉得这个套餐的费用有点高，咱们还有更合适的，比如388元/月的套餐，您觉得行吗？我可以给您介绍一下，388元/月的套餐应该比您现在使用的套餐要合适，这个是专门针对您现在的消费情况推出的，您可以了解一下。

客户：我现在用的是什么套餐？

客户代表：您稍等，我给您看一下，您目前用的是138元/月的套餐。

客户：138元？

客户代表：对，138元/月，确实像您说的，您每个月大概得消费三四百元，那么您可以考虑一下这个388元/月的套餐，它包含2000分钟的通话时长、60GB的流量，比您现在用的这个套餐合适多了。

客户：60GB，我现在用这个套餐的流量好像是6GB，对吗？

客户代表：对，60GB是6GB的10倍呢！您看您上个月消费470.49元，而且通话时长和流量都不够，对吗？

客户：帮我看看上个月的通话时长是多少。

客户代表：您套餐内的通话时长是450分钟，用超了。

客户：这个三百多元的套餐包含2000分钟的通话时长？

客户代表：对，2000分钟呢，比您这个多很多，您这个才450分钟，然后我们还要给您60GB的流量，而且就算这60GB的流量用完了，也没关系，您可以安心用，不会收您任何费用，就是超出后的网速会稍微慢一点。

客户：那就办388元/月这个套餐吧。

客户代表：好的。

客户：我现在只关心流量和通话时长，打电话时长超出2000分钟后是多少钱一分钟？

客户代表：0.19元/分钟，跟您现在用的套餐的资费标准一样。

客户：我现在用的这个一百多元的套餐，在通话时长超出了以后打电话也是0.19元/分钟吗？

客户代表：对，一样的，这个您放心。

客户：那就要三百多元这个套餐吧。我这个电话号码用了快10年了，我肯定会一直用下去。

客户代表：您是我们尊贵的全球通客户，感谢您长期以来的支持。

客户：麻烦您帮我办理一下388元/月的套餐吧。

客户代表：好的。

客户：然后，麻烦您一下，我这个套餐里面还有一个彩铃和一些附加的增值业务，能帮我取消吗？

客户代表：我看到有一些增值服务费，但是这个彩铃取消后立即就没了，现在才月中，还是留着合适。

客户：哦，只有这个业务是吗？

客户代表：还有一个和留言，应该是免费送的，原价是12元/月，就是别人给您打电话能留言的这种业务，没有别的业务了。

客户：哦，和留言是什么？就是有人打电话过来，如果我没有接听电话，打电话的人能留言的那种业务？

客户代表：对，有空您可以发送"0000"到10086，可以查询，如果您不需要，回复对应数字就自动取消了。

客户：就只有这两个业务吗？

客户代表：是的，没有其他增值业务了，先生，一会我给您发一下查询方式，有时间您可以看一下。

客户：好的，那个彩铃就保留吧，然后您帮我办一个388元/月的套餐就行。

客户代表：先生请您稍等，您先别挂，帮您转到语音自助台，需要您自行确认一下。

客户：语音确认是吗？

客户代表：对，根据语音提示，您按"1"，您别挂，还会转回来的，好吗？

客户：好的！

……

客户代表：先生您好！验证通过了，再耽误您一分钟，我说简单点，您听关键的内容。

客户：嗯，好的！

客户代表：现在帮您办的业务下月生效，您选择的是388元/月的尊享计划套餐，套餐内包含60GB的流量，超出之后，就是网速慢一些，为1 Mbit/s，但是您可以安心使用，是不收费的，这您放心。

客户：超出之后不收费是吗？

客户代表：对，不收费，您可以一直安心使用，您放心。

客户：我明白了。

客户代表：好的，然后提示您一下，套餐内流量是在全国都能用的，但是只能您使用，不能转给其他人，这个流量是不结转的，比如您当月没用完，下个月就没有了，您下个月用新的流量，也是可以安心使用的。

客户：哦，好的。

客户代表：套餐包含的通话时长和短信，只可以在国内使用。

客户：嗯，明白了。

客户代表：另外多说一句，耽误您一分钟，现在咱们有一个和家庭和万能副卡业务，就是您可以把您的流量分享给和家庭和万能副卡的成员使用，万能副卡的收费标准是10元/月/号，和家庭的收费标准是30元/月/号，现在正好有优惠，在6月30日之前，如果您办理和家庭业务，前1~3个月免费，第4~9个月的收费标准是10元/月/号，从第10个月起恢复正常收费，即30元/月/号，他们可以使用您的流量，您现在并没有办理这个业务，我把办理方式发给您，您可以看看，有需要可以办理，很简单。

客户：好的，您发过来吧。

客户代表：另外，还送您家里上网的宽带，是200 Mbps的带宽，如果您有需要，我们可以给您记录，会有人联系您。

客户：这个就不需要了。

客户代表：好的，那就给您办理388元/月的套餐了，以前的套餐就没有了。

客户：好的好的。

客户代表：实在不好意思耽误您这么长时间，麻烦您对我个人的服务进行评价好吗？

客户：好的，谢谢您！

客户代表：谢谢您，祝您生活愉快，再见！

小华分析并解读了以上案例，总结并提炼出客户代表在案例中具体提供的客户服务内容，并且分析出其在这次客户服务过程中表现出的专业素养。

客户服务内容：

_____

_____

_____

专业素养：

_____

_____

_____

子任务 2　解读话务客服人员的心理素养

话务客服人员直接接触客户，为其提供咨询服务，接受其投诉，特殊的工作性质决定了话务话服人员要有一定的忍耐性，宽容对待客户的不满，能够承受压力，具备良好的心理素养。

小华继续查找案例，找到了案例 2，通过对案例 2 的解读，其对话务客服人员的心理素养进行了分析与总结。

头脑风暴

请同学们在解读案例前，先思考并讨论话务客服人员的心理素养体现在哪些方面，以及具备心理素养对客户服务工作有什么作用。

话务客服人员的心理素养：
_____
_____
_____

具备心理素养的作用：
_____
_____
_____

案例 2

顺丰客服人员热情帮助客户，收到五星好评

本案例为某次顺丰物流配送中客服人员对单件问题的处理过程，大致案例场景按时间线整理如下。

10:35　客户首次来电，表示此快件是手机，特别着急，要求务必今天送到。

11:03　客户第二次来电催件，并再次表示特别着急，要求尽快回复。

11:28　客服人员首次向客户回电，耐心解释物流情况，对客户的问题进行一一解答，通话结束前客户要求今天之内送到，客服人员解释、安抚并回复会尽力帮客户催单，客户以满意结束。

16:29 客服人员第二次向客户回电并核实其是否签收快件，客户称会自取快件，客服人员进一步确认其是否已经和派件员沟通好是自取，客户称已经沟通好，并表示非常感谢。

16:46 客服人员第三次回访客户并邀评，客户称已经取到了快件并表示感谢，询问是对客服人员还是对其他工作人员进行评价，客服人员称是对客服人员进行评价，客户表示感谢。

20:31 客户在线强烈要求表扬此客服人员："今天有个客服人员给我打了电话，他帮我解决了快递问题，请问我要怎么做才能给他好评呢？我换了新手机，没有评价链接了。我答应了要给他好评的。"经过确认核实，此客服人员是顺丰时效一组的刘某，已被公司表扬。

小华分析并解读了以上案例，总结并提炼出客服人员在案例中提供的客户服务内容，并且分析出其在这次客户服务过程中表现出的心理素养。

客户服务内容：
_____
_____

心理素养：
_____
_____
_____

子任务 3　解读话务客服人员的综合素养

话务客服人员要具备"客户至上"的服务意识，要有对各种各样的难题进行剖析处理的工作能力，还要具有团队意识与人际关系协调能力等。话务客服人员面对的是客户在业务方面遇到的各种不同问题，往往是没有经验可借鉴的，这就需要话务客服人员具备全方位的综合素养，成长为"金牌客服人员"。

小华继续查找案例，查找到案例 3，通过对案例 3 的解读，其对话务客服人员的综合素养进行了分析与总结。

头脑风暴

请同学们在解读案例前，先思考并讨论话务客服人员的综合素养体现在哪些方面，以及具备综合素养对客户服务工作有什么作用。

话务客服人员的综合素养：
_____
_____
_____

具备综合素养的作用：
_____
_____
_____
_____

案例 3

让"真诚服务，如友相随"融入我们的血液

深秋天渐凉，服务暖人心。一年四季访问 OPPO 客户服务中心的人不计其数，在任何时候，OPPO 客户服务中心的工作人员永远都面带笑意，为你带去内心的暖流。"真诚服务，如友相随"融入一个又一个优秀客服人员的血液中，让我们一起去探究他们背后的暖心故事。

九月的一个下午，一声电话铃响起，OPPO 客户服务中心的咨询顾问接起电话，对面传来客户焦急的声音："我的 FIND X 掉进水里，现在开不了机了，怎么办呀？"经过询问了解到，客户来六安市金寨县办事，明天还要飞往国外，手机现在无法开机对其工作影响较大，十分焦急。

咨询顾问耐心地和客户沟通，并安抚其情绪，随后告知客户这边会尽快处理好，客户在反复确认后终于放松了下来。

挂断电话后，咨询顾问立即联系金寨县的区域业务员并告知其情况，让客户将手机寄给区域业务员，并给客户提供备用机。考虑到客户的手机因为进水而开不了机，目前无法判断哪里出了问题，又发现库存暂时没有该型号手机的主板，于是咨询顾问又迅速联系舒城县的客服人员，让其调拨备件。

次日上午，寄修机到达区域业务员手里，经过半个多小时的仔细清理，区域业务员发现手机内部元器件并没有损坏。区域业务员在安装好手机并全检确定没有故障后，联系客户，告诉客户手机已经可以正常使用，并了解到客户要坐中午 12 点的火车离开金寨县。

中午 11 点，区域业务员带着手机赶往火车站，将手机送到客户手里。客户紧紧握住区域业务员的手，十分激动，不断地向其道谢。在客户得知不收任何费用，短暂地惊诧后，一直念叨着："你们的服务真的太好了！"

平凡的客服人员，在平凡的岗位上做着解客户之难、缓客户之急、给客户之需、体客户之感的平凡小事。"真诚服务，如友相随"，它是每个 OPPO 人心底坚守的服务理念，是每个 OPPO 人奋斗的信仰，更是每个 OPPO 人融入血液里的行为准则。

小华分析并解读了以上案例，总结并提炼出客服人员在案例中具体提供的客户服务内容，并且分析出其在这次客户服务过程中表现出的综合素养。

客户服务内容：
_____
_____
_____

综合素养：
_____
_____
_____
_____

课堂小练

小华通过采用案例解读与分析的方法，总结归纳了话务客服人员的核心素养。为了更全面且准确地了解话务客服人员的核心素养，他还需要对话务客服人员的核心素养进行分类汇总与深入分析。请同学们按照以下步骤帮助小华梳理话务客服人员的核心素养，并分组讨论，说出自己对每种素养的理解，谈一谈如何在学习和工作中提高自己的核心素养。

步骤 1：梳理话务客服人员的核心素养（根据实际讨论情况，增/减相应的分类）

将从以上 3 个案例中提炼的核心素养进行汇总，将其分类并讨论各种素养的具体内容，整理后填入表 1-9 中。

表 1-9 话务客服人员核心素养的分类及其具体内容

序号	分类	具体内容
1	专业素养	
2	心理素养	
3	综合素养	

步骤2：理解话务客服人员的核心素养

小组成员分享各自对话务客服人员核心素养的理解，思考该如何在平时的学习和工作中提高自己的核心素养，从而满足话务客服职业素养要求，最后将话务客服人员的核心素养及其提升方法填入表1-10中。

表1-10　话务客服人员的核心素养及其提升方法

序号	话务客服人员的核心素养	提升核心素养的方法
例	熟悉业务知识	熟练掌握企业各方面的业务知识
1		
2		
3		
4		

企业课堂

话务客服人员对客户应做到诚实守信

诚信是企业的立身之本，更是呼叫中心的话务客服人员在职场中取胜不可缺少的美德。不求回报地坚守诚信，总能获得意想不到的回报。对话务客服人员来说，诚实守信的重要性不言而喻。以下这段对话是一个反面案例，能给我们带来警示。

客户：我家的电冰箱坏了，你们到底管不管啊？

话务客服人员：女士，您好！关于您的问题，我们已经派修了，维修人员将在三天之内上门为您维修。

客户：你昨天告诉我下午会有人上门维修，害得我在家里白等了一天。怎么现在又变卦了，成了三天之内了？

话务客服人员：实在不好意思，可能是您听错了，我们的维修人员是在三天之内上门维修的。

客户：你开玩笑吧，我听错了？三天之内，我冰箱里的东西都化了，你给我赔吗？你们公司生产的冰箱没用多长时间就坏了，你们就知道欺骗消费者。

话务客服人员：对不起，我立刻给您安排人员上门维修吧！

客户：我不相信你的话了，我现在问你，你说昨天下午有人上门维修，为什么没来？

话务客服人员：对不起，我们维修部的同事最近工作忙，昨天没能为您上门服务。

客户：你刚才不是说我听错了，现在怎么又说是因为你们人忙了？既然你们没人修，冰箱又容易坏，那么就不要卖给别人！我不和你废话了，叫你们经理接电话，我要投诉！

话务客服人员：这件事情是我负责的，我们经理来了也会这样回答您。

客户：赶紧叫你们经理接电话。

点评：该话务客服人员欺骗了客户，还企图蒙混过关，导致客户勃然大怒。该话务客服人员的行为使问题转化成了矛盾。其实，这本来只是一个小问题，试想如果这名话务客服人员能够及时给客户打电话道歉，重新约个时间，不要等着客户来兴师问罪，也许就不会产生上述令人不快的结果。

任务拓展

请同学们结合任务实施的内容与方法，利用网络工具或其他调研工具收集更多的典型话务客服工作案例，分析并提炼话务客服人员的核心素养。

1．运用网络搜集资料；

2．对案例进行解读与分析，总结案例中体现出的核心素养；

3．对提炼出的核心素养进行扩展与分析，并讨论核心素养在其他客服工作中的适用情况。

任务工单 1-2

任务工单 1-2 如图 1-5 所示。

项目名称：		任务名称：
学号：		姓名：
任务描述			

周帅是某高职院校的毕业生，近期入职了一家主营数码科技产品的电商 B2B 企业。该企业的数码电子产品以新潮、具有科技感为特色，右图所示为该企业重点推广的一款无线机器人摄像头产品。由于这款新推出的摄像头产品近期格外受各平台店铺欢迎，企业打算增加客服工作的投入，以获取更多合作店铺。周帅作为新员工，需要通过团队的工作能力考核。

接下来他将根据店铺的业务需求，利用所学知识完成话务客服人员核心素养的分析、总结，从而获得团队的认可。

图 1-5　任务工单 1-2

任务实施

任务一：提炼话务客服人员的核心专业素养

通过网络搜索的方式获取各类优秀话务客服人员的工作实例，对工作实例进行分析与解读，总结出话务客服人员的专业素养，对其分类整理并提炼出核心专业素养，在下表中记录相关内容。

话务客服人员的专业素养	核心专业素养

任务二：提炼话务客服人员的核心心理素养

通过网络搜索的方式获取各类优秀话务客服人员的工作实例，对工作实例进行分析与解读，总结出话务客服人员的心理素养，对其分类整理并提炼出核心心理素养，在下表中记录相关内容。

话务客服人员的心理素养	核心心理素养

任务三：提炼话务客服人员的核心综合素养

通过网络搜索的方式获取各类优秀话务客服人员的工作实例，对工作实例进行分析与解读，总结出话务客服人员的综合素养，对其分类整理并提炼出核心综合素养，在下表中记录相关内容。

话务客服人员的综合素养	核心综合素养

教师点评

图 1-5　任务工单 1-2（续）

任务评价

基于学生在本任务中学习、探究、训练时的课堂表现及完成结果，参照表 1-11 中的考核内容及要求对学生进行评价，每条考核内容及要求的分值为 10 分，学生总得分=30%×学生自评得分+30%×教师评价得分+40%×企业评价得分。

表 1-11　学生考核表（二）

类别	考核项目	考核内容及要求	学生自评得分（30%）	教师评价得分（30%）	企业评价得分（40%）
技术考核	质量	能够根据案例解读并梳理出话务客服人员的核心素养			
		能够对话务客服人员的专业素养内容进行分类和整理			
		能够对话务客服人员的心理素养内容进行分类和整理			
		能够对话务客服人员的综合素养内容进行分类和整理			
		能够结合学习与工作的实际情况整理话务客服人员的核心素养			
		能够理解话务客服人员的核心素养并制订提升自我素养的计划			
非技术考核	态度	学习态度认真、细致、严谨，讨论积极，发言踊跃			
	纪律	遵守纪律，无无故缺勤、迟到、早退行为			
	协作	小组成员间合作紧密，能够互帮互助地工作			
	文明	合规操作，不违背平台规则、要求			
总计					

存在的问题	解决问题的方法

任务三　学习话务客服人员的规范用语

任务描述

优秀的规范用语，可以规范话务客服人员的工作，有效地帮助话务客服人员与客户进行顺畅而专业的沟通。话务客服人员在与客户良好沟通的同时，也快速地处理和解决了问题，提高了工作效率，提升了公司的形象。因此，学习规范用语是话务客服人员的必修课。小华为了胜任杭州某茶叶有限公司的话务客服工作，已经了解了话务客服人员的工作内容、岗位职责和核心素养，接下来他还需要对话务客服工作中的具体规范用语进行了解和学习。

通过对本任务的学习，请同学们基于小华的任务情境，帮助他通过场景分类学习与模拟训练的形式来熟悉话务客服人员的规范用语和禁忌用语。

任务目标

1. 熟悉话务客服人员的规范用语；
2. 熟悉话务客服人员的禁忌用语；
3. 能够根据不同场景使用规范用语开展客户服务工作；
4. 具备爱岗敬业的职业道德，能够在服务客户过程中展现出积极的工作态度，秉持服务至上的职业理念。

任务准备

1. 良好的移动通信设备及网络信号；
2. 与同学建立讨论小组，设置话务客服人员的工作场景，为演练话务客服人员的规范用语做准备。

任务实施

子任务1　探究话务客服人员的规范用语

随着话务客服在公司业务发展中的重要性的提升，话务客服人员的语言运用合乎规范成为一个公司服务能力提高的重要标志。在公司的服务工作中，规范的服务工作用语对进一步提升服务起到积极推进作用。

小华为了进一步学习话务客服工作的具体业务内容，准备利用网络对话务客服人员的规范用语进行搜集并整理，并记录不同场景下话务客服人员的规范用语，模拟客户服务的工作场景，演练话务客服人员的规范用语。

以下是各类场景下的典型规范用语示例。小华通过回忆自己的话务客服工作经历，将自己认为对应场景下的规范用语记录在了对应表格中。

（1）开场白。

早上（指上午9:00—12:00）在欢迎语前加"早上好"；若是下午和晚上，则说"您好"。如遇国家法定节日（元旦、春节、劳动节、国庆节等），则需要有相应的节日问候语，如"新年好""节日快乐"等。

呼入："您好（早上好，新年好）！××客服中心，欢迎您的来电，请问有什么可以帮您？"

呼出："您好（早上好，新年好）！不好意思打扰了，我是××客服中心的话务客服人员，工号是×××，请问您是××先生/女士吗？给您来电是想跟您核对一下您的信息（您咨询的问题）……"

开场白的规范用语如表1-12所示。

表1-12 开场白的规范用语

序号	分类	内容
例	售后资讯转接	您好，××客服中心，请问您是想咨询×××这个订单的问题吗
1		
2		

（2）无声电话（接通没人说话）。

呼入："您好！××客服中心，欢迎您的来电，请问有什么可以帮您？"（第一次）

停5秒还是无声，则说："您好！请问有什么可以帮您？"（第二次）

再停5秒，对方无反应，则说："非常抱歉，由于电话或线路的原因，我无法听到您的声音，请您稍候或换一部电话再打来，感谢您的来电，再见！"（第三次）

再停2秒，如客户仍无反应，则可以挂机。

呼出："您好！不好意思打扰了，我是××客服中心的话务客服人员，工号是×××，请问您是××先生/女士吗？"（第一次）

停5秒还是无声，则说："您好，给您来电是想跟您核对一下您的信息（您咨询的问题），请问您是××先生/女士吗？"（第二次）

再停5秒，对方无反应，则说："不好意思，可能话机出现故障或信号不通畅，无法听到您的声音，我稍候再给您来电，打扰了，再见。"

再停2秒，如客户仍无反应，则可以挂机。

（注意：接听无声电话一定要按上述要求来做，在三次无声后才能挂断电话）

无声电话的规范用语如表1-13所示。

表1-13　无声电话的规范用语

序号	分类	内容
例	客户查找资料	您好，请问是否还需要我们为您提供服务
1		
2		
3		

（3）客户向话务客服人员致以问候时的回应语。

在话务客服人员说"请问有什么可以帮您"后，客户向话务客服人员致以问候，会说"您好"或"小姐您好"等。

话务客服人员应礼貌回应："小姐/先生您好，请问有什么可以帮您"或"小姐/先生您好，很高兴为您服务，请问有什么可以帮您？"

回应客户问候的规范用语如表1-14所示。

表1-14　回应客户问候的规范用语

序号	分类	内容
例	客户回访	您好，很高兴再次接到您的来电，请问有什么可以帮您
1		
2		
3		

（4）电话无法听清。

① 客户声音较弱："非常抱歉，请您稍微大声一点，好吗？我这边听得不是很清楚。"根据客户的音量情况进行反复沟通，直至双方能正常沟通为止。

② 感觉类似于免提："抱歉，先生/女士，您的电话声音很小，我无法听清。请问您是不是打开了免提模式？"待指导对方纠正后，应说"非常感谢"，再继续沟通。

③ 若多次沟通后仍听不清楚："对不起，先生/女士！您的电话声音太小，我这边实在听

不清楚，请您换一部电话再打过来，好吗？"待客户同意后方可挂机。

④ 听不清但客户不愿意挂电话："不好意思，先生/女士！因为您那边的声音实在太小，我无法清楚了解您的意向，希望您换一部电话再给我们来电，好吗？再见"，稍停2秒，如客户同意，则可以挂机。

⑤ 杂音太大听不清，周边太吵或信号不好："非常抱歉，您附近的杂音太大（信号不是很好），我这边听不清您讲的话，麻烦您换个地方（换部电话）接听可以吗？"如果客户不愿意沟通，则说"请您稍后或换一部电话再给我们来电，再见"，稍停2秒，然后挂机。

⑥ 口音、方言、语速方面导致听不清楚。

口音太重："实在抱歉，您可以将这个字组个词吗？"

（外、本）地方言：听不懂客户所用方言，可先向客户说明"非常抱歉，我听不明白您说的话，可以用普通话说吗"，如果客户无反应，则说"不好意思，叫您身边的人帮您说一下，好吗"，如果客户仍听不明白，可重复"非常抱歉，听不明白您说的话，请您在找到其他人帮您的时候再打过来，好吗"，稍后5秒，如客户仍然不改变，在说"抱歉"后可挂机。如果客户听不懂普通话，但听得懂你用的方言，那么可以用方言沟通。

客户语速太快："抱歉，可以打断一下吗？请您稍微讲慢一点，我听得不是很清楚，谢谢。"

咨询或投诉叙述不清："对不起，请您不要着急，慢一点讲好吗？"

话务客服人员自己声音小，客户听不清楚："非常抱歉（稍微提高自己的音量），请问您现在可以听清楚吗？"

电话无法听清的规范用语如表1-15所示。

表1-15 电话无法听清的规范用语

序号	分类	内容
例	杂音太重	非常抱歉，您附近的杂音太大，这边无法听清您讲的内容，麻烦您稍后重复描述一下您的需求好吗
1		
2		
3		
4		
5		

（5）重复确认。

要求客户重复："非常抱歉，先生/女士，能重复一遍吗？我没听清楚，不好意思！""不好意思，您的问题我没有听明白，麻烦您重复一下，谢谢！"

重复自己的话时:"先生/小姐,您好,这个问题刚刚给您说过,需要您……"(重复说一遍)。

重复客户的话时:"先生/小姐,您好,我跟您核对下您刚说的(信息、问题)……"(切忌随意打断客户讲话或在没有弄清客户需求的情况下进行主观判断)。

重复确认的规范用语如表 1-16 所示。

表 1-16 重复确认的规范用语

序号	分类	内容
例	确认信息	为了确保您的订单信息准确,请您再次核对一下订单号,请问这个订单号是否有误
1		
2		
3		
4		

(6)需要客户等待。

短时间等待:"先生/女士,您好,请您稍等,这个问题我帮你查询一下",待查清后准备回复客户时,应先对客户说:"感谢您的耐心等待",然后再答复客户。为了保持与客户的互动,话务客服人员应每隔 30 秒左右就通过语音与客户进行沟通,可以说"请稍等""正在查询中"等,让客户知道我们还在为他服务。

长时间等待:"先生/女士,您好,您的问题我需要查询,可能耗费时间比较长,您可以留一个电话给我,有结果后我会在第一时间给您回复,您看可以吗?"

客户要准确的答复时间:"您好!查清楚后我会第一时间与您联络,如果一天之内我们还没核实准确,我们会每 24 小时给您反馈一次信息,您看行吗?"

需要客户等待的规范用语如表 1-17 所示。

表 1-17 需要客户等待的规范用语

序号	分类	内容
例	后台处理	您的问题我们已经在系统中详细记录,请您耐心等待,问题处理结果我们将在××小时内通知您,请注意接听客服人员的来电
1		
2		
3		
4		

（7）需要转接。

业务问题："先生/小姐，您好，请问您有什么问题需要咨询呢？我很乐意为您解答。"如果客户强烈表示一定要找到某位同事听电话：如该客服人员暂时空闲，则可以叫过来接听；如该客服人员暂时无法接听（休假、忙等），则可以说："不好意思，先生/小姐，×××暂时无法接听您的电话，我们每个人都接受过专业的培训，同样可以为您提供专业的服务，您可以先说说看，看我能不能帮您。"在做上述解释后，客户仍不同意，并表明只有该同事才能处理他的问题，我们可以建议客户留下联系电话并及时回复信息。

私人问题：如果客户表示是由于私人原因要找某位同事，客服人员可婉转拒绝："非常抱歉，工作期间不方便帮您转告，请您拨打他的私人电话联系他，好吗？谢谢您对我们工作的配合，再见！"稍停5秒，在客户同意后可挂机。如果客户不同意，客服人员需要重复解释两次，在稍停3秒后挂机。

喊领导来接："不好意思，先生/女士，请问您找我们领导是有其他什么问题吗？我可以帮您转达，如果您有其他的反馈或者需求，可以跟我说明，如果我不能帮您解决，我会尽快向上级部门反映，并在第一时间给您答复。"

需要转接的规范用语如表1-18所示。

表1-18 需要转接的规范用语

序号	分类	内容
例	专人转接	您的问题我现在帮您转接到专业的技术人员处，以便更快地帮您解决，请您稍作等待，谢谢！现在帮您转接至技术服务部
1		
2		
3		
4		

（8）骚扰。

打错电话："对不起，您现在拨打的是××客服专线电话，请查证后再拨，谢谢。"获得回应后，使用标准用语挂机："感谢您的来电，再见。"

邀约客服人员："非常抱歉！我现在正在工作，还有很多客户在等待我的服务，不能接受您的邀请，谢谢您！如果您没有其他要咨询的业务请挂机。感谢您的来电，再见。"

遇到客户询问自己工号时："先生/小姐，您好，我的工号是×××，如果服务有不周到的地方，欢迎您随时批评指正，我会不断改进的。"

询问客服人员私人信息："您好，因工作需要，我们在工作期间按规定只能报工号，您根据我的工号可以随时联系到我！如果您没有其他要咨询的业务请挂机。感谢您的来电，再见。"

恶意地打骚扰电话："您好，这里是××客服中心，如果您有关于业务或服务的问题，我很乐意为您解答。如果您没有业务或服务方面的问题，请您挂机。"若客户仍纠缠不休，不肯挂机，客服人员可再次向客户强调："非常抱歉，很遗憾无法帮到您。还有很多客户需要我提供服务，我要挂机了。感谢您的来电，再见。"在强调后稍停几秒，然后就可以挂机了。

应对骚扰的规范用语如表1-19所示。

表1-19 应对骚扰的规范用语

序号	分类	内容
例	恶意骚扰	您好。这里是××客服中心，如果您没有业务或服务方面的问题，为保证服务效率，我们将结束本次服务，谢谢配合
1		
2		
3		
4		

（9）投诉。

投诉商家："先生/小姐，非常感谢您的意见，您先消消气，我们的成长需要大家的鼓励与引导，我们在很多地方做得还不够，给您带来不便，向您表示真诚的歉意。您的问题我已经记录下来了，我会在第一时间将您的问题反映给相关负责人，尽快给您一个满意的答复。"

投诉客服人员（自己）："很抱歉我的服务给您带来不好的体验，感谢您的及时提醒，可能刚才我在问题处理上确实没掌握好度，对不起。我再帮您重新核实一下这个问题……"

如果客户不接受道歉，继续投诉："先生/小姐，您好，您需要投诉我哪方面的内容？可以直接给我反馈，我会记录并提交，并在××时候给您回复。"

强烈要求管理人员接听："很抱歉给您带来不便，我现在将您的电话转给管理人员，请您稍等，不要挂断电话。"如果管理人员忙，暂时不能接听电话，则可以说："请问您是否方便留下联系电话，我们的管理人员稍后将回复您？"

投诉客服人员（其他人）："对不起，由于我们的工作没做好，给您添麻烦了，请您原谅，请您具体说一下当时的情况和该客服人员的工号（倾听客户叙述，记录）……对此事给您带来的麻烦我们很抱歉，也非常感谢您对我们的信任与支持，我已详细记录了您反映的情况，核实之后我们会做出相应处理并通知您。"

受理投诉后的应答:"先生/小姐,非常感谢您反馈的意见,我们会尽快向上级部门反映,并在××小时内(具体回复时间根据投诉的类别和客户类别而定)给您明确的答复,再次感谢您的来电,再见。"

应对投诉的规范用语如表 1-20 所示。

表 1-20　应对投诉的规范用语

序号	分类	内容
例	执意投诉	很抱歉给您带来不便和困扰,请问您需要投诉的具体内容是什么
1		
2		
3		
4		

(10)抱怨。

抱怨客服人员(动作慢、新手):"很抱歉给您带来不便,也非常感谢您的耐心等候,我尽快帮您处理。"

接听慢、占线:"对不起,让您久等了,请问有什么可以帮您?"

其他抱怨:"对不起,由于我们工作的失误,给您造成麻烦,请您原谅,请您将详细情况告诉我好吗?我会做详细记录,公司一定会尽快处理。"

应对抱怨的规范用语如表 1-21 所示。

表 1-21　应对抱怨的规范用语

序号	分类	内容
例	抱怨价格	抱歉给您的购物带来了不好的体验,请您详细描述商品的价格问题,我们力争为您提供具有最高性价比的宝贝
1		
2		

(11)表扬、建议。

表扬:"很高兴得到您的认可,我们会继续努力,谢谢您。"若客户进一步表扬,可说:"请不必客气,这是我们应该做的,感谢您对我们工作的支持,欢迎您随时再来电。"

建议:"非常感谢您为我们提供宝贵建议,我会详细记录下来,尽快反馈给相关部门,欢迎您经常拨打我们的热线,提出您宝贵的建议,谢谢!"

应对表扬、建议的规范用语如表 1-22 所示。

表 1-22　应对表扬、建议的规范用语

序号	分类	内容
例	表扬、赞赏	很高兴得到您的认可，我们会继续努力的，谢谢您
1		
2		

（12）无法当场回答的问题。

"先生/小姐，您所咨询的问题我需要进一步查询后才能回复您，请您留下联系电话，我们会在××小时内联系您，您看是否方便留下联系方式呢？"

应对无法当场回答的问题的规范用语如表 1-23 所示。

表 1-23　应对无法当场回答的问题的规范用语

序号	分类	内容
例	问题处理周期长	这个问题需要后台系统进行判断与处理，我们会在 1 个工作日内给您回电，请您耐心等待
1		
2		
3		
4		

（13）其他业务。

对于未开通业务："对不起，目前我们暂未开通这项业务，请您原谅。"

软硬件故障（马上能修复）："很抱歉，公司正在调整线路（系统），请您稍等片刻，好吗？"

软硬件故障（暂时不能修复）："很抱歉，公司正在调整线路（系统），请您稍后再来电（等下给您回过去），好吗？"

应对其他业务的规范用语如表 1-24 所示。

表 1-24　应对其他业务的规范用语

序号	分类	内容
例	未开通业务	很抱歉，目前我们暂未开通这项业务，请您关注我们的其他业务，这里为您推荐……
1		
2		
3		
4		

（14）结束语。

信息阐述完（咨询、提问）："请问您清楚了吗""请问我刚才的解释您是否明白"，若客户不能完全明白，应将客户不明白的地方重新解释，直到客户明白为止。

通话结束前："请问还有什么可以帮您""请问您还有其他需要咨询的吗"，在确认客户没有其他问题后，礼貌地结束通话。

结束语："感谢您的来电，祝您生活愉快，再见！"遇到周末/节假日，可以在"再见"前加上"祝您周末/××节愉快"。注意：

- ◆ 不可以直接挂机；
- ◆ 切忌在客户未挂机的时候，就大声说其他事宜；
- ◆ 严禁未说结束语就挂机。

结束语的规范用语如表1-25所示。

表1-25 结束语的规范用语

序号	分类	内容
例	客户确认没有问题	确认您没有其他问题，本次服务就到这里，感谢您的来电，祝您生活愉快
1		
2		
3		
4		

头脑风暴

请采用网络搜索的方式，在互联网上搜集不同客户服务场景下话务客服人员的规范用语，根据不同客户服务场景整理出规范用语，填入表1-26中，并与小组其他成员进行模拟演练。

表1-26 不同客户服务场景下的规范用语

序号	客户服务场景	规范用语
1		
2		
3		
4		

知识链接

"12345"市长热线话务客服人员的礼仪规范要求如下。

一、注重个人的仪表仪容,保持个人良好的卫生习惯,本人座席整洁,无脏、乱、差现象。

二、话务客服人员在应答群众来电时,时限不超过15秒,即铃响三声,必有应答。

三、在应答群众时,语气亲切,态度和蔼,语速适中,吐字清楚,用语简练,表达正确,必须使用普通话。

四、在工作中应主动、自如地使用"您好、请、谢谢、对不起、再见"等文明服务用语;不论遇到何种情况,都不准顶撞、责备群众,不得对群众流露出不满或不耐烦的情绪;不准使用服务忌语。

五、当遇到群众不断提问时,应有问必答,不厌其烦。当遇到自己回答不了的疑难问题时,应及时请班长处理。

六、当遇到群众态度不好或受到群众责怪时,应忍耐克制,语气平稳,礼貌对话,得礼让人,即使有理,也不与群众争辩。

七、在遇到群众有困难需要帮助时,应根据实际情况,给予帮助。

八、在遇到群众所提问题或所述内容不属于本台业务范围时,不得简单回绝群众,应在问清群众问题的前提下,请群众与有关部门联系或告知群众解决问题的途径、方法。

九、话务客服人员在服务工作中产生差错,应及时纠正,并诚恳地接受群众的批评,主动向群众道歉。

十、在服务工作中不准擅离岗位,不准串岗、闲聊或边处理业务边闲聊;不准做与工作无关的事或在工作期间会客;不准在工作间吸烟、吃零食;不准酒后上班。

课堂小练

小华通过采用网络搜索的方式,收集并整理了话务客服人员的规范用语。根据公司主营的茶叶 B2B 销售业务对话务客服工作的要求,请同学们帮助小华模拟话务客服人员售前、售中、售后的工作场景,并按小组完成规范用语的模拟演练,将完成的对话内容填入表1-27中。

项目一 规范话务客服工作

表 1-27 不同场景下话务客服人员的规范用语

序号	场景分类	话务客服人员的规范用语
1	售前	
2	售中	
3	售后	

子任务 2 了解话务客服人员的用语禁忌

提供客户服务不论是采取语音通话的方式，还是采取在线交流的方式，都需要注意用语的规范性。一般话务客服人员要做到态度诚恳、热情周到、有问必答、耐心谦逊等，严禁出现拖腔迟疑、态度生硬、训教、不耐烦，以及使用污言秽语等不礼貌的行为。在客户服务业务发展的过程中，业界逐渐对服务规范达成了共识，生成了服务行为与服务用语禁忌。

小华与同事讨论并熟悉了话务客户服务中的禁忌行为/用语，还讨论了其对企业或机构的不良影响，最后将讨论内容填入表 1-28 中。

表 1-28 话务客服人员的禁忌行为/用语及其影响

序号	禁忌行为/用语	造成的影响
例	直接否定	直接否定会让客户认为客户服务不专业，对服务感到失望，对品牌失去信任
1		
2		
3		
4		
5		

网店客户服务

头脑风暴

请同学们根据自己的生活经历讨论可能令客户感到不悦的服务用语，以及客户遭遇这样的服务用语后的感受，并且讨论这样的现象所造成的后果，将讨论结果填入表 1-29 中。

表 1-29　令客户感到不悦的服务用语及其带来的客户感受和后果

序号	令客户感到不悦的服务用语	客户感受	后果
1			
2			
3			
4			
5			

经验之谈

1. 面对客户的刁难，话务客服人员应保持耐心与热情，在内心告诫自己不要因为一个客户而影响自己的工作状态。

2. 在工作之余，话务客服人员可以找主管或者同事倾诉自己所遇到的问题，调整心态，寻求更好的解决方式。

课堂小练

小华通过采用网络搜索的方式，收集并整理了话务客服人员的规范用语，并根据公司主营的茶叶 B2B 销售业务，模拟了话务客服人员的工作场景。请同学们再帮助小华整理和总结话务客服人员在工作中可能遇到的各种突发情况，并将话务客服人员在应对这些突发情况时的规范用语填入表 1-30 中。

项目一　规范话务客服工作

表 1-30　话务客服人员在工作中遇到的突发情况及其规范用语

序号	突发情况	话务客服人员的规范用语
1		
2		
3		
4		

任务拓展

请同学们结合任务实施的内容，利用移动通信设备向移动公司打热线电话进行情景模拟与调研学习，需要按照"模拟各类客服场景→记录话务客服人员的处理方法→整理规范用语"的步骤来完成拓展任务的训练。

1．能够按照已经整理好的规范用语对客户场景进行模拟；

2．能够在实际通话中完整还原客户需求；

3．记录并总结各个不同场景下话务客服人员的规范用语，讨论如何避免使用不规范用语，以及对突发情况的处理方法。

任务工单 1-3

任务工单 1-3 如图 1-6 所示。

项目名称：	任务名称：
学号：	姓名：
任务描述	
周帅是某高职院校的毕业生，近期入职了一家主营数码科技产品的电商 B2B 企业。该企业的数码电子产品以新潮、具有科技感为特色，右图所示为该企业重点推广的一款无线机器人摄像头产品。由于这款新潮的摄像头产品近期格外受各平台店铺欢迎，企业打算增加对客服工作的投入，以获取更多的合作店铺。周帅作为新员工，需要通过团队的工作能力考核。 接下来他将根据店铺的业务需求，利用所学知识，完成不同场景下话务客服人员规范用语的分析总结与实践应用。	

图 1-6　任务工单 1-3

任务实施

任务一：探究话务客服人员的规范用语

通过采用网络搜索的方式，在互联网上搜集话务客服规范用语的相关资料，根据企业产品的特点，以使用场景为划分依据，总结话务客服人员在工作中常用的规范用语，并填写在下表中。

使用场景	常用的规范用语

任务二：了解话务客服人员的禁忌用语与行为

通过对网络资料的搜集与分析，根据任务描述中的企业背景，收集并分析话务客服人员在实际工作中不应出现的用语与行为。

使用场景	禁忌用语与行为

教师点评

图1-6　任务工单1-3（续）

任务评价

基于学生在本任务中学习、探究、训练时的课堂表现及完成结果，参照表1-31所示的考核内容及要求对学生进行评价，每条考核内容及要求的分值为10分，学生总得分=30%×学生自评得分+30%×教师评价得分+40%×企业评价得分。

表 1-31 学生考核表（三）

类别	考核项目	考核内容及要求	学生自评得分（30%）	教师评价得分（30%）	企业评价得分（40%）
技术考核	质量	能够利用网络对话务客服人员的规范用语进行搜集与总结			
		能够根据不同场景使用规范用语开展客户服务工作			
		能够与团队其他成员讨论与总结话务客服人员的禁忌行为及其影响			
		能够与团队其他成员协作讨论与总结话务客服人员的禁忌用语及其影响			
		能够结合企业实际经营情况进行话务客服规范用语的具体分析			
		能够结合企业实际经营情况进行话务客服禁忌用语与行为的具体分析			
非技术考核	态度	学习态度认真、细致、严谨，讨论积极，发言踊跃			
	纪律	遵守纪律，无无故缺勤、迟到、早退行为			
	协作	小组成员间合作紧密，能够互帮互助			
	文明	合规操作，不违背平台规则、要求			
总计					

存在的问题	解决问题的方法

任务四　明确话务客服人员的职业技能要求

任务描述

为了规范从业者的职业行为，引导职业教育培训的方向，为职业技能鉴定提供依据，适应经济社会发展和科技进步的客观需要，立足培育工匠精神和精益求精的敬业风气，依照《中华人民共和国劳动法》，人力资源和社会保障部联合工业和信息化部组织有关专家，制定了《呼叫中心服务员国家职业技能标准（2021年版）》，并于2021年10月21日正式发布。该职业技能标准填补了话务客服类职业在技能标准方面的空白，成为话务客服从业人员必须学习的标准文件。小华已经了解了话务客服的基本内容与相关规范，现在他将通过对《呼叫中心服务员国家职业技能标准（2021年版）》的学习，明确职业技能标准要求，为自己在岗上的规范工作奠定更扎实的基础。

通过对本任务的学习，请同学们基于小华的任务情境，以规范、深入地解读分析的形式，学习《呼叫中心服务员国家职业技能标准（2021年版）》，了解并践行职业技能标准要求，为胜任话务客服工作确定学习方向。

任务目标

1. 学习并熟知《呼叫中心服务员国家职业技能标准（2021年版）》相关内容；
2. 熟悉《呼叫中心服务员国家职业技能标准（2021年版）》对职业技能等级的规定与能力要求；
3. 恪守服务至上的职业道德准则，提升话务客服人员的核心素养。

任务准备

《呼叫中心服务员国家职业技能标准（2021年版）》一份（在人力资源和社会保障部官网下载）。

任务实施

子任务1　了解职业概况

《呼叫中心服务员国家职业技能标准（2021年版）》对呼叫中心服务员的职业概况进行了介绍，包括职业名称、职业编码、职业定义、职业技能等级、职业环境条件、职业能力特征、普遍受教育程度、培训参考学时、职业技能鉴定要求等方面。在这里，小华需要重点了解职业技能等级与职业技能鉴定要求的内容，以明确后续的学习途径，便于自己做长期的职业规划。

小华通过解读与分析《呼叫中心服务员国家职业技能标准（2021年版）》，将以下内容进行了整理与提炼。

职业技能等级设置：

_____

_____

_____

职业技能鉴定申报条件：

_____

_____

_____

职业技能鉴定方式：

_____

_____

_____

_____

头脑风暴

请同学们根据小华对《呼叫中心服务员国家职业技能标准（2021年版）》的解读与分析，讨论话务客服人员的职业规划。

短期职业规划：

_____

_____

中长期职业规划：

_____

_____

_____

子任务 2　了解基本要求

《呼叫中心服务员国家职业技能标准（2021 年版）》将呼叫中心服务员的基本要求分为职业道德和基础知识两方面。职业道德包括职业道德基本知识和职业守则两部分内容，基础知识包括计算机基础知识、语文基础知识、客户服务中心基本知识、安全生产知识与法律法规五部分。

在这里，小华需要重点对职业守则进行识记，并且查询客户服务中心基本知识、安全生产知识的相关资料，进一步整理话务客服人员应该具备的知识。

通过解读与分析《呼叫中心服务员国家职业技能标准（2021 年版）》，小华将以下内容进行了整理与提炼。

职业守则：如文明礼貌、遵纪守法

_____

_____

客户服务中心基本知识：如岗位职责基础知识

_____

_____

_____

安全生产知识：如客户服务系统的安全操作规程

_____

_____

_____

法律法规：如《中华人民共和国劳动法》相关知识

_____

_____

_____

课堂小练

小华通过对《呼叫中心服务员国家职业技能标准（2021 年版）》的解读，明确了职业技能标准对话务客服人员的技能要求与知识要求。请同学们按照以下步骤帮助小华进一步完成技能要求与知识要求的梳理，具体分析话务客服人员在公司主营的茶叶销售业务中，应达到怎样的工作要求。

步骤1：根据标准内容梳理具体工作的技能要求

根据《呼叫中心服务员国家职业技能标准（2021年版）》中的职业技能要求，分析具体工作的技能要求，整理后填入表1-32中。

表1-32　具体工作的技能要求

序号	具体工作	技能要求
1	服务应答处理	
2	业务受理及处理	
3	信息记录与处理	
4	业务运营	

步骤2：根据标准内容梳理具体工作的知识要求

根据《呼叫中心服务员国家职业技能标准（2021年版）》3.1、3.2、3.3中对相关知识的要求，分析具体工作的知识要求，整理后填入表1-33中。

表1-33　具体工作的知识要求

序号	具体工作	知识要求
1	服务应答处理	
2	业务受理及处理	
3	信息记录与处理	
4	业务运营	

企业课堂

某银行的话务客服人员始终秉持服务至上的宗旨

现在人们的生活越来越便捷，很多事情只需要在手机上动一动手指就可以办成。所以当人们遇到不断等待转接的话务客服人员时，往往会产生焦躁情绪，从而对这些公司的能力质疑。某银行为了解决这一问题，始终致力于客户服务的优化。接下来我们一起看看该银行是怎么做的。

该银行推出的集自动、人工于一体的全国统一客户服务号码，有自助语音服务和人工服务两种方式。客户可通过固定电话或移动电话登录该银行的电话银行，查询账户余额、账户交易明细，进行银企对账，修改电话银行的密码。

该银行同时开通贵宾服务与投诉专线，从客户出发，为客户提供一站式的服务。该专线的话务客服人员全天候接待客户，耐心地为客户解答，并在接听过程中记录了每一通电话，让问题处理流程有迹可循。该专线还专门为老年人提供服务，减少了繁杂的电话程序，解决了老年人操作困难等问题，让老年人也可以一站式办理业务。该银行还设置了定向一对一服务，让每位客户的问题都能得到顺利的解决。无论客户在什么时候拨打贵宾服务与投诉专线，都有人接听，不需要转接，让客户体验省时、省力、省心的服务。

该银行更优质的服务态度，让每位客户都可以进行舒心的咨询。这种服务至上的宗旨让该银行赢得了口碑，得到客户的一致好评，在业界立身扬名。

任务拓展

请同学们结合任务实施的内容与方法，利用网络工具或其他调研工具，查询企业内部的话务客服职业规范要求，分析话务客服人员的技能要求与知识要求。

1．能够利用网络进行资料的搜集和查询；

2．能够对话务客服职业规范要求进行解读与分析；

3．能够根据销售型公司或服务型公司的实际工作需求，讨论胜任话务客服这项工作需要储备哪些职业技能与知识，并评估自身的掌握程度与存在的差距。

任务工单 1-4

任务工单 1-4 如图 1-7 所示。

项目名称：		任务名称：
学号：		姓名：
任务描述		

周帅是某高职院校的毕业生，近期入职了一家主营数码科技产品的电商 B2B 企业。该企业的数码电子产品以新潮、具备科技感为特色，右图所示为该企业重点推广的一款无线机器人摄像头产品。由于该款新潮的摄像头产品近期格外受各平台店铺欢迎，企业打算增加对客服工作的投入，以获取更多的合作店铺。周帅作为新员工，需要通过团队的工作能力考核。

接下来他将根据店铺的业务需求，利用对《呼叫中心服务员国家职业技能标准（2021 年版）》的解读与分析，为自己的职业规划制定方向。

图 1-7　任务工单 1-4

项目一 规范话务客服工作

任务实施

通过对《呼叫中心服务员国家职业技能标准（2021年版）》的解读与分析，结合任务描述中的企业背景与业务情况，总结并整理出该企业对话务客服人员的职业技能等级要求、基本要求，以及技能要求和知识要求，并将相关内容填入下表中。

任务一：根据《呼叫中心服务员国家职业技能标准（2021年版）》分析职业技能等级要求

工作内容	职业技能等级要求

任务二：根据《呼叫中心服务员国家职业技能标准（2021年版）》分析基本要求

工作内容	基本要求

任务三：根据《呼叫中心服务员国家职业技能标准（2021年版）》分析技能要求和知识要求

工作内容	技能要求	知识要求

教师点评

图 1-7 任务工单 1-4（续）

任务评价

基于学生在本任务中学习、探究、训练时的课堂表现及完成结果，参照表 1-34 所示的考核内容及要求对学生进行评价，每条考核内容及要求的分值为 10 分，学生总得分=30%×学生自评得分+30%×教师评价得分+40%×企业评价得分。

表 1-34 学生考核表（四）

类别	考核项目	考核内容及要求	学生自评得分（30%）	教师评价得分（30%）	企业评价得分（40%）
技术考核	质量	能够解读并理解《呼叫中心服务员国家职业技能标准（2021年版）》中的职业概况与基本要求的内容			
		能够解读并分析《呼叫中心服务员国家职业技能标准（2021年版）》对工作技能与相关知识的要求			
		能够根据《呼叫中心服务员国家职业技能标准（2021年版）》中的职业技能等级分析实际工作的能力要求			
		能够根据《呼叫中心服务员国家职业技能标准（2021年版）》中基本要求的内容分析实际工作的能力要求			
		能够根据《呼叫中心服务员国家职业技能标准（2021年版）》中的技能要求和知识要求分析实际工作的能力要求			
		能够探讨话务客服人员所需的职业技能与相关知识，并评估自身的掌握程度与存在的差距			
非技术考核	态度	学习态度认真、细致、严谨，讨论积极，发言踊跃			
	纪律	遵守纪律，无无故缺勤、迟到、早退行为			
	协作	小组成员间合作紧密，能够互帮互助			
	文明	合规操作，不违背平台规则、要求			
总计					

存在的问题	解决问题的方法

项目二

使用话务客服工具

项目情景

杭州某茶叶有限公司以"更+放心、更+贴心、更+专心"的服务为客户营造了非常好的交易体验,为了进一步改善客户体验,计划利用各类客服工具(如电话客服系统等)来优化客户服务工作。使用客服工具能让公司客服部门的工作团队受益,更重要的是改善话务客服人员与客户的互动效果。客服工具的设计考虑了客户服务的各项业务内容,通常具备设备监控、远程会议、轻松文件传输和远程访问等功能。小华准备进一步学习客服工具的相关知识,以便借助系统软件实时关注座席执行的必要任务,全面保障客户服务质量。

学习目标

知识目标

1. 了解话务客服工具的类别;
2. 认识常用的话务客服工具;
3. 熟悉常用话务客服工具的功能。

能力目标

1. 能够进入话务客服工具平台进行自主学习;
2. 掌握话务客服工具的使用流程。

素养目标

1. 具备团队协作能力,提高信息检索与分析能力;
2. 具备实践操作能力,提高软件系统应用能力,提升科技创新意识。

网店客户服务

任务预览

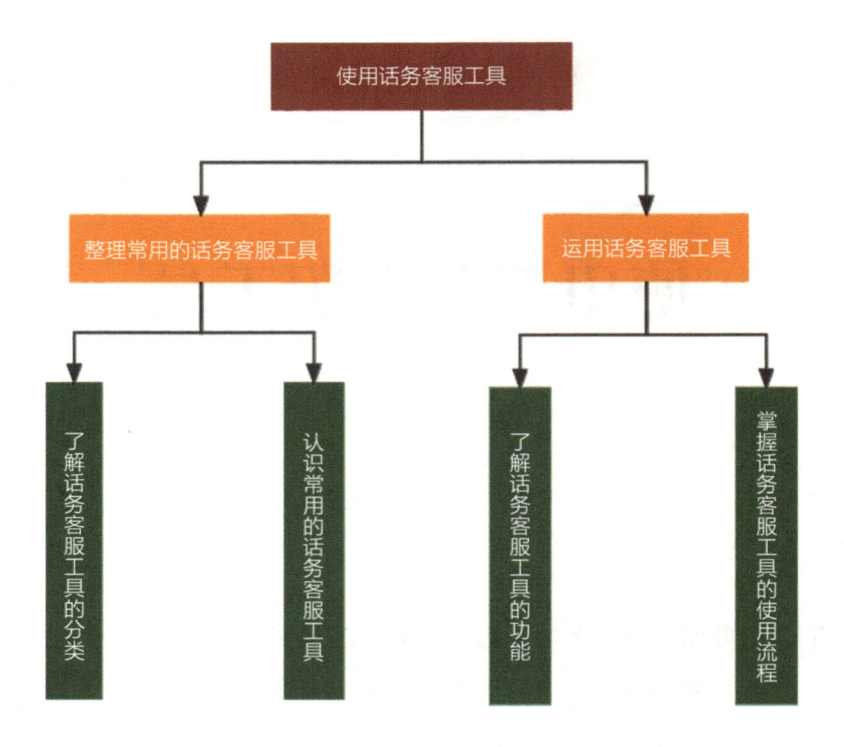

```
使用话务客服工具
├── 整理常用的话务客服工具
│   ├── 了解话务客服工具的分类
│   └── 认识常用的话务客服工具
└── 运用话务客服工具
    ├── 了解话务客服工具的功能
    └── 掌握话务客服工具的使用流程
```

任务一　整理常用的话务客服工具

任务描述

话务客服工作中用到的话务客服工具分为话务系统平台、话务执行设备、话务管理软件等类型，每种话务客服工具的功能和应用环境都有所不同。想要更好地应用话务客服工具完成话务客服工作，就需要了解不同话务客服工具的功能特性与应用环境。小华刚刚入职杭州某茶业有限公司，担任话务客服人员，在了解了话务客服人员的职业技能要求后，迫切地需要认识常用的话务客服工具并掌握其使用方法。

通过对本任务的学习，请同学们基于小华的任务情境，帮助他整理常用的话务客服工具，并深入了解这些话务客服工具的功能，逐步掌握其使用流程，能够利用这些话务客服工具完成基本的话务客服工作。

任务目标

1. 明确话务客服工具的分类；
2. 认识常用的话务客服工具；
3. 具备团队协作能力与信息的筛选、分析能力。

任务准备

具备良好的互联网条件，准备相关信息查询设备。

任务实施

子任务 1　了解话务客服工具的分类

头脑风暴

请同学们建立小组，讨论各种话务客服场景下所使用的话务客服工具，并根据体验过的话务服务内容，分析实现服务可能需要的话务客服工具，完成表 2-1 中的内容填写。

表 2-1　各种话务客服场景下的话务客服工具

序号	话务客服场景	话务客服工具
例	在线沟通	实时聊天软件
1		
2		
3		
4		

话务客服工具的功能特性与应用环境不同，分类方式也不同。比如，根据功能特性的不同，话务客服工具可以分为硬件工具与软件工具两类。话务系统是一种软件工具，常被用来处理电话呼叫，帮助企业提高工作效率和服务质量；交换机、话机、耳麦等工具属于硬件工具。再如，根据应用环境的不同，话务客服工具可分为企业呼叫中心系统、话务云平台等，它们提供服务的方式有很大不同。

在此子任务中，小华需要采用网络搜索的方式，根据不同的分类方式对话务客服工具进行查询、了解与整理归类。请同学们以小组为单位，完成以上任务并将结果填入表 2-2 中（可不填满，至少完成两种分类方式的填写）。

表 2-2　话务客服工具的分类

分类方式	话务客服工具的类别	典型工具代表
根据功能特性分类	硬件工具	交换机、话机、耳麦
	软件工具	话务系统、通信应用系统

知识链接

常用的客服工具

一、客户关系管理（CRM）系统

客户关系管理系统本质上记录所有客户与企业的互动数据。它为企业提供所有访问客户的数据，包括客户之前可能遇到的问题，以及他们与其他代表的对话。因此，客户关系管理系统可以轻松地管理客户关系，并提供提升客户体验的方法。

二、呼叫中心系统

呼叫中心系统是一种高度集成的通信解决方案，它利用现代通信技术和计算机技术，如交互式语音应答（Interactive Voice Response，IVR）、自动呼叫分配（Automatic Call Distributor，ACD）及其他先进技术，高效处理大量的电话呼入和呼出业务。其核心目标是提升客户服务体验、优化业务流程，以增强企业的市场竞争力。呼叫中心不仅提供电话服务，随着技术的发展，它还能够集成电子邮件、短信、社交媒体、视频通话等多种沟通渠道，实现多媒体交互。

三、消息和聊天工具

近年来，消息和聊天工具已成为广受欢迎的客服工具。消息和聊天工具通过消息系统或实时聊天框提供支持。根据所使用的系统类型，消息和聊天工具可能不只回答常见问题，甚至直接将客户和潜在客户与真人联系起来。

四、知识库

一些消费者更喜欢自己处理简单的问题，最新的知识库可以帮助他们做到这一点。知识库通常由员工编制的常见问题解答和指令集组成。近年来，人工智能（AI）技术的发展让知识库得到更快的发展，有可能在不久的将来，配备全网知识库的人工智能将取代人工客服。

五、共享收件箱软件

在实施服务台软件之前，许多公司尝试使用共享收件箱软件，将其作为客服工具套件的一部分。该软件能够提高客户满意度，并营造协作环境。

六、工单系统

工单系统让客户可以自主提交他们的问题，并确保将工单转发给正确的支持团队成员，是对作为客服工具套件的 CRM 系统的改进。

课堂小练

小华通过在互联网上搜集整理信息，分析出话务客服工具的几种分类方式，现在根据公司主营的茶叶 B2B 销售业务，需要对话务客服工具进行类别的确认。请同学们帮助小华整理出该企业话务客服的业务需求，并选择合理类别的话务客服工具，将分析过程与结果填在表 2-3 中。

表 2-3　根据企业话务客服的业务需求选择话务客服工具

企业话务客服的业务需求	话务客服工具的类别	选择的原因

子任务 2　认识常用的话务客服工具

头脑风暴

请根据子任务 1 中确定的话务客服工具的类别，在网络上搜索出常见的话务客服工具品牌，填入表 2-4 中。

表 2-4　常见的话务客服工具品牌

序号	类别	品牌
例	软件工具	纷享销客 CRM
1		
2		
3		
4		

接下来，小华需要继续采用网络搜索的方式，对常用的话务客服工具进行深入了解与分析，全面认识相关话务客服工具的使用场景、具体功能、服务对象等，完成表 2-5 的填写（至少列出 3 种工具）。

表 2-5　话务客服工具的特性分类与具体内容

话务客服工具	特性分类	具体内容
客户关系管理系统	使用场景	话务中心运行、后台管理、客户信息库等
	具体功能	设备监控、远程会议、文件传输和远程访问等
	服务对象	电子商务企业、话务客服企业、公共服务系统等
	使用场景	
	具体功能	
	服务对象	
	使用场景	
	具体功能	
	服务对象	
	使用场景	
	具体功能	
	服务对象	

> 知识链接

话务系统

一、话务系统的介绍

话务系统是一种多媒体通信应用软件，它为企业提供了统一的接口，可以支持语音、视频和数据通信。话务系统使用户能够通过多种方式进行交互，包括语音、视频、即时消息、文件共享和白板等。话务系统的应用环境包括客户服务、电话会议、电话咨询、在线教育、远程医疗、跨境贸易、金融服务和政府服务等。

二、话务系统的特性

1. 语音识别：语音识别技术可以实现对用户语音的自动识别，实现语音与文字的转换，提高了用户操作的方便性。

2. 语音合成：语音合成技术可以将文字转换成语音，实现语音的播放。

3. 语音压缩：语音压缩技术可以将语音信号进行压缩，提高了语音传输的效率。

4. 数字信号处理：数字信号处理技术可以对语音信号进行数字化处理，提高了语音信号的传输效率。

5. 多媒体处理：多媒体处理技术可以实现对语音、视频、图像等多媒体信号的处理。

6. 人机交互：人机交互技术可以实现用户与话务系统的交互，提高了用户操作的方便性。

> 课堂小练

小华要根据公司主营的茶叶 B2B 销售业务，对话务客服工具进行选择与深入了解，从而为后续的实践奠定基础。请同学们帮助小华根据公司的业务需求选择合适的话务客服工具，并且利用信息检索工具收集资料，整理出所选话务客服工具的特性分类，将选择原因与具体内容填在表 2-6 中。

表 2-6　话务客服工具的选择原因、特性分类与具体内容

话务客服工具	选择原因	特性分类	具体内容
		使用场景	
		具体功能	
		服务对象	
		使用场景	
		具体功能	
		服务对象	
		使用场景	
		具体功能	
		服务对象	

经验之谈

呼叫中心系统所需的硬件设备包括以下三类。

一、接入层设备

交换机：使用交换机作为接入装置。

板卡：使用计算机语音板卡作为接入设备。

二、CTI 服务器

CTI 服务器是呼叫中心系统的核心硬件，它将电话交换系统和计算机系统结合起来。

三、座席设备

呼叫中心系统的座席设备就是话务员的操作台，包括电脑、话机、耳麦等。

任务拓展

请同学们结合任务描述，以及任务实施的内容与方法，对云众包类型的话务客服工具进行检索查询与详情了解，实施过程需要符合以下要求：

1．能够利用网络搜索工具查阅话务云平台；

2．能够了解云众包话务客服工具的运作模式；

3．能够整理并记录话务云平台的详细信息。

任务工单 2-1

任务工单 2-1 如图 2-1 所示。

项目名称：		任务名称：
学号：		姓名：
任务描述		
李小利是某高职院校的毕业生，近期刚刚入职一家伞业公司。该公司生产的产品近期受到广大客户的欢迎，右图所示为该企业的一款文艺画布风格晴雨伞产品。由于该企业过硬的产品质量和良好的营销策略，经销商频频下单，客服部门急需人员协助。因此，李小利加入了客服部门，为产品顺利成交和客户维护做出贡献。 李小利需要在上岗前了解常用的话务客服工具，以及这些话务客服工具的分类和具体内容。		

图 2-1　任务工单 2-1

任务实施

任务一：了解话务客服工具的分类

通过利用网络查找资料并整理各类话务客服工具，分析话务客服工具所属的类别，并根据企业背景和业务需求，判断该话务客服工具是否适用于该企业，完成下表。

序号	话务客服工具	所属类别	是否适用于该企业
1			
2			
3			

任务二：认识常用话务客服工具

根据任务一中确定的适用的话务客服工具，从企业实际需求的角度，分析各类话务客服工具的具体特性内容，填写下表，完成对常用话务客服工具的了解。

序号	话务客服工具	特性分类	具体内容
1		使用场景	
		具体功能	
		服务对象	
2		使用场景	
		具体功能	
		服务对象	
3		使用场景	
		具体功能	
		服务对象	
4		使用场景	
		具体功能	
		服务对象	
5		使用场景	
		具体功能	
		服务对象	

教师点评

图 2-1　任务工单 2-1（续）

任务评价

基于学生在本任务中学习、探究、训练时的课堂表现及完成结果，参照表 2-7 中的考核内容及要求对学生进行评价，每条考核内容及要求的分值为 10 分，学生总得分=30%×学生自评得分+30%×教师评价得分+40%×企业评价得分。

表 2-7　学生考核表（五）

类别	考核项目	考核内容及要求	学生自评得分（30%）	教师评价得分（30%）	企业评价得分（40%）
技术考核	质量	能够根据各种话务客服的业务场景或服务内容分析所使用的话务客服工具			
		能够利用网络搜索引擎对话务客服工具进行查询、了解与整理归类			
		能够在实际工作场景中整理话务客服的业务需求，以及与其匹配的话务客服工具			
		能够使用网络查询工具对常用话务客服工具的品牌进行检索			
		能够深入了解与分析话务客服工具的使用场景、具体功能、服务对象等内容			
		能够在实际工作场景中分析话务客服工具的使用场景、具体功能、服务对象等内容			
非技术考核	态度	学习态度认真、细致、严谨，讨论积极，发言踊跃			
	纪律	遵守纪律，无无故缺勤、迟到、早退行为			
	协作	小组成员间合作紧密，能够互帮互助			
	文明	合规操作，不违背平台规则、要求			
总计					
存在的问题		解决问题的方法			

任务二 运用话务客服工具

任务描述

对企业来说,改善客户服务是提高企业业务量的重要方式之一。呼叫中心电话客服系统是服务型企业的必备工具,企业搭建呼叫中心电话客服系统,可以快速响应客户,为客户提供标准、统一的服务,并建立和完善客户档案及服务信息,从而避免因话务客服人员无法及时回应而带来客户流失。小华通过对各方面的学习了解,明确了话务客服工具的分类与具体内容,现在,他还需要熟悉话务客服工具的功能和使用流程。

通过对本任务的学习,请同学们基于小华的任务情境,帮助他对话务客服工具的功能及使用流程进行学习与实践演练,完成对话务客服工具的岗前实操,进一步熟悉工具,为话务沟通技巧的应用创造平台支撑。

任务目标

1. 了解话务客服工具的各项功能;
2. 掌握典型话务客服工具的使用流程;
3. 具备实践动手能力,以及信息技术应用的相关专业素养。

任务准备

具备良好的网络条件,准备相关信息查询设备。

任务实施

子任务1 了解话务客服工具的功能

话务客服工具中的话务客服中心系统是被广泛使用的一类工具,这类工具在企业中往往被称为呼叫中心(Call Center),又被称为"客户服务中心"。它是一种基于 CTI(Computer Telephony Integration,计算机电话集成)技术,充分利用通信网络和计算机网络的多项功能集成,并与企业连为一体的完整的综合信息服务系统,是企业利用现代通信技术集中处理与客户的交互信息的工具。通过对任务一的学习，小华已经对话务客服工具的类别有了一定的认识，现在他准备对行业中常用的话务客服工具进行深入学习。

头脑风暴

请同学们分组讨论，在话务客服的主要业务中，需要话务客服工具提供哪些功能，将讨论结果填入表 2-8 中。

表 2-8　话务客服工具的功能

序号	话务客服工具	功能
例	呼叫中心系统	签入、签出、转接等
1		
2		
3		
4		

经验之谈

呼叫中心系统的常用功能如下。

1. 签入：登录后单击"签入"按钮，即可进入就绪状态，此时电话可以正常接入。

2. 签出：单击"签出"按钮，座席进入离线非工作状态。

3. 座席状态：置忙、休息、吃饭为座席不方便接入电话时的三个状态，方便管理岗要求座席在指定的休息时间单击相应的状态。

4. 通话保持/恢复：通话时"保持"按钮会亮起，在保持结束时通过单击"恢复"按钮，可恢复跟客户的通话。

5. 会议：单击"会议"按钮可以发起一个会议。可逐个邀请参与人加入会议。

6. 转接：在通话过程中"转接"按钮亮起，单击"转接"按钮可以实现转接分机号、外线号，或者实现转技能组。

7. 挂机：在通话过程中可以直接单击"挂机"按钮实现挂机，省去了座席在戴耳机的模式下再去操作一次话机。

8. 代接：在其他座席话机振铃时，可以通过单击"代接"按钮实现话务代接，防止遗漏。
9. 外呼：在需要给客户回电时，可单击"外呼"按钮，省去了座席在话机上手动拨号。

以呼叫中心系统为例，小华通过采用网络搜索的方式，对其常用功能进行收集，分析其功能类别，并详细分析了各功能所处理的具体事项，完成了表2-9的填写。

表2-9 呼叫中心系统的常见功能

功能类别	常见功能	处理的具体事项
管理与监控	通话管理	管理和查询系统外呼和接听的所有通话记录和录音
	多维统计报表	制作通话报表、在线报表、工单等报表类型
	实时监控	实时监控用户排队、区域等业务信息，并提供通话质检功能

知识链接

呼叫中心客服管理系统的功能

呼叫中心客服管理系统是一种专业的客户服务管理软件，主要用于满足企业各部门及其员工的不同需求。它可以记录话务客服人员与客户的沟通数据，帮助销售人员更好地跟进客户，并在CRM系统里进行沟通数据的管理。

1. 语音导航模式

语音导航模式可以缩短等待时间，当座席有技术咨询意向时，系统可以直接转至相应的座席，这样可以节省大量的等候时间，从而提高工作效率。

2. 自动分配功能

自动分配功能包括饱和度分配和依次分配。系统可根据来电号码提前设置优先级，将呼叫分配给最合适的座席。

3. 录音功能

录音功能可以把之前积累的问题整理成文档，方便座席随时查阅。

4. 工单管理

确保工单为处理状态，无遗漏。

5. 多维报表

统计报表，了解客户反馈的情况，为公司绩效考核提供依据。

6. 自定义弹屏窗口

主界面右侧显示派单详细信息。

7. 支持批量导入点击

系统具备批量处理客户电话号码并自动进行外呼的能力。

8. ACD 智能话务分配

系统可以按照区域、时段、客户类型等多种分配策略调整客户的来源渠道。

9. 自动过滤重复号码

自动过滤空闲号码、忙碌号码、错误号码等。

10. 客户跟踪记录

及时了解客户购买产品的意愿，随时回顾跟进过程，提升客户体验。

经验之谈

呼叫中心客服管理系统是企业在销售过程中使用最广泛的工具之一，具有非常强大的功能。一个好的呼叫中心客服管理系统必须具备全渠道接入、访问轨迹跟踪和实时查询等功能。它能帮助企业更快地实现数字化转型。

课堂小练

小华通过采用网络搜索的方式了解了话务客服工具的各项功能，现在需要根据公司主营的茶叶 B2B 销售业务，思考如何将话务客服工具的各项功能应用到实际工作中来。请同学们基于该公司的销售业务，帮助小华分析出话务客服工具各项功能的应用场景，填入表 2-10 中。

表 2-10　话务客服工具各项功能的应用场景

序号	功能	应用场景
1		
2		
3		
4		

子任务 2　掌握话务客服工具的使用流程

小华已经了解了话务客服工具的类别，并对话务客服工具的功能进行了分析。不同的话务客服工具，其应用场景和使用目的都有所不同。为了对话务客服工具进行更全面的了解，小华决定借助与传统客服平台差异较大的"云众包平台"，深入学习话务客服工具的使用流程。

头脑风暴

请同学们根据子任务 1 总结的话务客服工具的功能，思考在话务客服的业务开展过程中，应按怎样的流程实现话务客服工具的各项功能。

知识链接

众包模式的客户服务平台

传统模式下的客服人员由企业组织招聘、培训，而后上岗。前期，企业对客服人员进行培训花费了大量的时间；在"共享经济"时代，各行业利用互联网技术，在社会服务方面实现了新的突破。AAwork 更是打破地理、时间、信息等的制约，打造自由职业者平台，形成"众包"模式。"众包"是指一个公司或机构把过去由员工执行的工作任务，以自由、自愿的形式外包给非特定的大众网络的做法。

"共享"机制的出现，给现代人的日常生活和现代企业的日常运营带来诸多便利，解决了资源、时间、专业上的制约问题。效仿"共享"机制，通过"众包"革新传统客服模式，是客服行业未来发展的一条可行之路。

"天堂声谷云众包"通过共享服务平台、共享人力资源、共享管理经验、共享人工智能，创造性地打造客户服务领域的聚类共享平台，实现市场人力资源与企业客服需求的高低峰匹配，让企业的服务与营销更简单。

步骤1：注册并登录会员

在微信中搜索"天堂声谷"或扫描图2-2所示的"天堂声谷云众包"小程序码，进入"天堂声谷云众包"小程序。

图2-2　"天堂声谷云众包"小程序码

进入"天堂声谷云众包"小程序，在未登录状态下，点击"我的"，然后点击"登录"—"微信授权登录"按钮，选择要登录的手机号码，登录账号；也可在授权登录页面点击"手机号登录"，在填写手机号和密码后点击"登录"按钮即可，若该手机号为首次登录，需要设置密码。

步骤2：在客服云学院学习课程

在"天堂声谷云众包"小程序中进入"客服云学院"页面，如图2-3所示。在该页面中点击"声谷课堂"图标，进入"声谷课堂"，可查看全部课程列表；点击"直播课堂"图标，进入"直播课堂"，可查看直播类课程列表。

在"声谷课堂"页面中点击"筛选"按钮，可对课程进行筛选，如图2-4所示。

在"声谷课堂"页面中点击课程名称进入课程详情页，查看课程介绍及学习进度，如图2-5所示；可直接点击"播放"按钮开始学习，或者进入目录，查看课程的单元和小节，有选择地进行学习。

图 2-3　"客服云学院"页面　　图 2-4　筛选课程　　图 2-5　查看课程介绍及学习进度

步骤 3：获取资质认证

获取资质认证是话务客服人员在"天堂声谷云众包"小程序中获取相关认证资格的途径，话务客服人员通过层层关卡，拿到最终徽章，即可获得相应认证。话务客服人员要在"天堂声谷云众包"平台上领取任务，开展话务客服工作，必须获取任务所要求的资质认证。获取资质认证的步骤如下：

在"天堂声谷云众包"小程序中进入"客服云学院"，点击"资质认证"图标，如图 2-6 所示；

打开"资质认证"页面，在"资质认证"页面中点击任意一个认证进入认证详情页，可查看该认证的关卡列表，如图 2-7 所示；

点击关卡内容即可进行挑战，通过挑战关卡，不断晋级，在所有关卡都通过后，即可获得相关资质认证或徽章成就，如图 2-8 所示。

步骤 4：领取话务客服任务

进入"天堂声谷云众包"小程序，在"大厅"页面可查看部分任务；点击"更多任务"按钮，打开"做任务"页面，可以查看全部任务；在"做任务"页面可查看任务状态，如"已结束""进行中"等，以及任务薪酬和剩余名额；在选择任务后进入其"工作详情"页面，可查看具体的工作描述、徽章要求，以及发布信息的企业等信息，如图2-9所示。

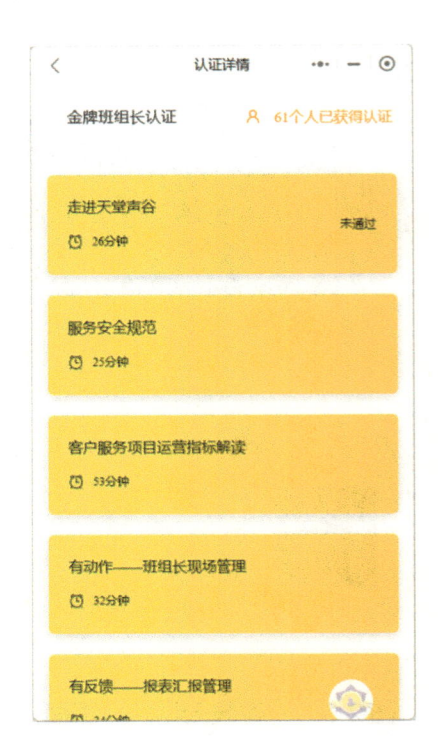

图2-6　资质认证入口

图2-7　"资质认证"页面

图2-8　挑战关卡

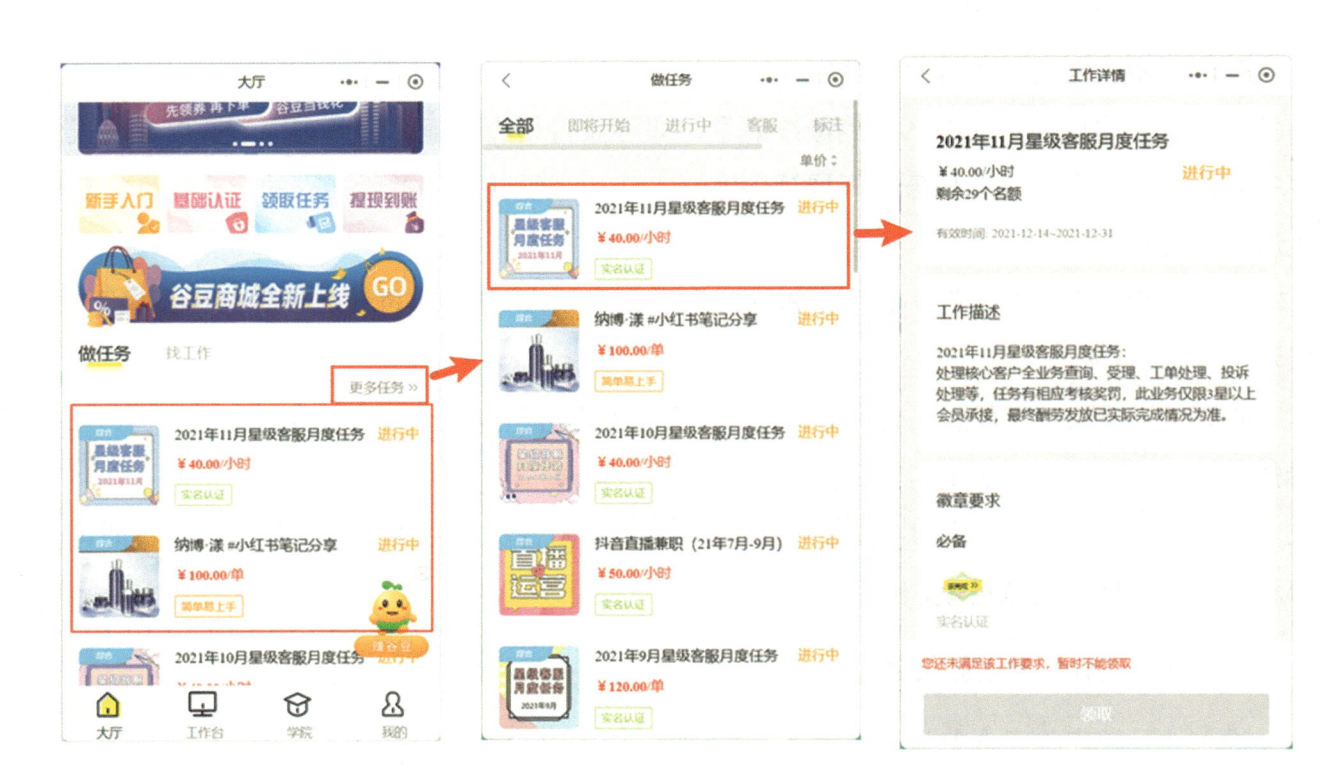

图2-9　领取话务客服任务

课堂小练

小华通过在"天堂声谷云众包"小程序中注册个人会员,完成了话务客服任务的领取,接下来需要按照天堂声谷话务客服工具的使用流程完成所领取的任务。请同学们使用智能手机设备,根据小华的操作在"天堂声谷云众包"平台上进行演练,完成后将该平台话务客服工具的使用流程进行整理,在下方区域内绘制流程图。

流程图绘制区

网店客户服务

📋 企业课堂

ChatGPT 技术赋能热线，真诚服务市民

2022 年 12 月，人工智能聊天机器人 ChatGPT 刷爆网络，网友们争先恐后地领略它的超高情商和巨大威力。ChatGPT 是人工智能公司 OpenAI GPT 自然语言生成式模型的最新衍生品，可以与人进行"你来我往"的多轮智能聊天。

电话服务作为民生诉求热线平台主要的渠道，其服务瓶颈对各个层面均造成一定的影响：对市民来说，呼入等待时间长（高峰期平均有 10 到 15 人等待），获得服务成本高；对民生诉求热线平台来说，话务客服人员是有限的，单纯依赖人力无法很好地疏通市民排队情况；对座席人员来说，工作内容重复而繁杂，工作压力大，个人提升空间有限。面对各类角色的困境，将智能语音应答技术和 ChatGPT 技术结合，实现对简单类、咨询类问题的分流，是最为有效的方式。

智能语音导航可在市民拨入热线后，让机器人自动应答各类问题或导航到对应的座席队列，从而有效缩短市民等待时长，提高热线现场解答效率，减轻话务客服人员处理重复、简单问题的压力。

利用智能语音引擎+ChatGPT 技术，可实时获取、识别、转译语音对话内容，并对转译内容进行分析及处理，实现智能工单事项识别、内容自检。

座席智能辅助是专门为民生诉求热线平台的话务客服人员打造的全方位的辅助支撑系统，包括接线助手、工单服务两部分，覆盖话前、话中、话后三个阶段，让话务客服人员更准确、更高效、更便利地为市民提供热线咨询服务，使人均接待通话时长节省 15 秒以上、话后工单整理时间缩短 30%以上。

（素材来自"数字政通"公众号）

📋 任务拓展

请同学们结合任务实施的内容与方法，在任务一的常用话务客服工具中筛选一款可实际操作的工具，完成对该工具功能与使用流程的探究与实践演练，实施过程要满足以下要求：

1．能筛选出在任务准备条件下切实可操作的工具或平台；

2．能总结话务客服工具的功能及其处理的话务事项；

3．实践演练话务客服工具包括对工具的学习、对基本话务客服业务的实践、对工具基本功能的使用及对工具使用流程的总结整理。

任务工单 2-2

任务工单 2-2 如图 2-10 所示。

项目名称：		任务名称：
学号：		姓名：

任务描述

李小利是某高职院校的毕业生，近期刚刚入职一家伞业公司。该公司生产的产品近期受到广大客户的欢迎，右图所示为该公司的一款文艺画布风格晴雨伞产品。由于该公司过硬的产品质量和良好的营销策略，经销商频频下单，客服部门急需人员协助。因此，李小利加入了客服部门，为产品顺利成交和客户维护做贡献。

李小利需要在上岗前了解常用的话务客服工具的功能及使用流程。

任务一：了解话务客服工具的功能

通过所学知识，根据企业的销售业务需求，确定在各个客户服务场景下应使用的话务客服工具的功能，并具体分析每种功能给该公司的话务客服业务带来的效果，填写下表。

客户服务场景	使用的话务客服工具的功能	实现的效果

任务二：掌握话务客服工具的使用流程

针对任务描述中的企业需求，根据所学的话务客服工具的使用流程（包括软件使用、话务客服工具使用等），整理并绘制出话务客服工具的使用流程图，绘制在下面的方框中。

流程图绘制区

教师点评

图 2-10 任务工单 2-2

任务评价

基于学生在本任务中学习、探究、训练时的课堂表现及完成结果,参照表 2-11 所示的考核内容及要求对学生进行评价,每条考核内容及要求的分值为 10 分,学生总得分=30%×学生自评得分+30%×教师评价得分+40%×企业评价得分。

表 2-11 学生考核表(六)

类别	考核项目	考核内容及要求	学生自评得分(30%)	教师评价得分(30%)	企业评价得分(40%)
技术考核	质量	能够根据对话务客服业务的认识总结话务客服工具所需要具备的功能			
		能够采用网络搜索的方式整理各种话务客服工具的功能			
		能够根据实际工作内容分析话务客服工具的功能得到应用的场景			
		能够根据云众包平台的软件操作步骤完成话务客服任务领取			
		能够根据话务客服平台(云平台)的话务客服任务要求完成话务客服实操			
		能够根据实际工作内容整理话务客服工具的使用流程			
非技术考核	态度	学习态度认真、细致、严谨,讨论积极,发言踊跃			
	纪律	遵守纪律,无无故缺勤、迟到、早退行为			
	协作	小组成员间合作紧密,能够互帮互助			
	文明	合规操作,不违背平台规则、要求			
总计					

存在的问题	解决问题的方法

项目三

掌握话务客服工作技巧

项目情景

杭州某茶叶有限公司下设品宣部、财务部、技术部、行政部、事业部、商务部、客服部7个一级部门,业务范围涵盖了从产品研发到售后服务的全过程。该公司为了让业务发展壮大,针对每个部门都制定了工作质量要求。随着客户期望提高,信息渠道增多,以及多样化社交媒体的流行,客户服务所面临的挑战越来越大。客服部对小华等话务客服人员也提出了进一步的质量要求,即掌握沟通技巧并灵活运用,与客户营造融洽氛围、建立良好关系。该公司通过高效沟通来提升客户满意度,优化客户体验,不断探索高质量的客户服务工作方法。

学习目标

知识目标

1. 了解话务客服沟通的特点;
2. 知道并理解沟通六步法的内涵;
3. 了解话务客服工作的常见问题及补救措施。

能力目标

1. 能够拟定话务客服话术并利用沟通技巧完善话术;
2. 能够应用话务客服问题补救方法;
3. 能够熟练执行话务客服业务的工作流程。

网店客户服务

素养目标

1. 具备团队协作能力和良好的沟通表达能力；
2. 具备创新意识，能够在话务沟通中合理地完善、更新话术；
3. 具备批判思维与应变能力，提升分析问题、解决问题的能力。

任务预览

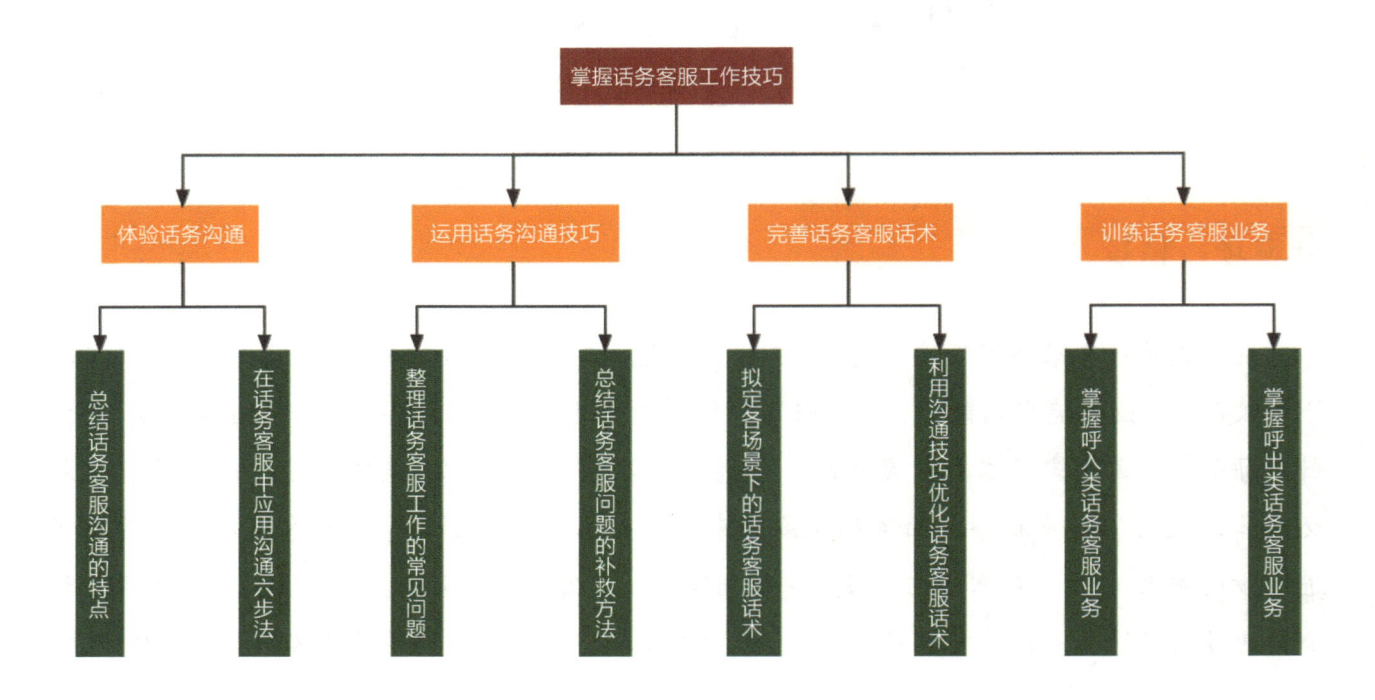

```
                        掌握话务客服工作技巧
        ┌───────────────┬────────────────┬───────────────┐
     体验话务沟通    运用话务沟通技巧   完善话务客服话术   训练话务客服业务
      ┌─────┐          ┌─────┐          ┌─────┐          ┌─────┐
   总结话务  在话务     整理话务  总结话务   拟定客  利用沟通   掌握呼入  掌握呼出
   客服沟通  客服中     客服工作  客服问题   场景下  技巧优化   类话务客  类话务客
   的特点   应用沟通    的常见    的补救    的话务  话务客服   服业务    服业务
           六步法      问题      方法      客服话术 话术
```

任务一　体验话务沟通

任务描述

工作中任何一个重大的决策都需要经过一个有效的沟通过程才能得到施行，话务客服人员所接通的每一个电话，所遇到的每一个问题，都需要通过有效的沟通，才能得到妥善处理。小华就职于杭州某茶业有限公司，是一名话务客服人员，在对话务客服的工作规范与常用工具进行了初步了解后，现在需要对话务客服的沟通技巧进行深入了解与学习。

通过对本任务的学习，请同学们基于小华的任务情境，帮助他从了解话务客服沟通的特点开始，逐步学习话务客服沟通技巧的实际应用，并通过对沟通六步法的学习，深入了解话务沟通技巧，从而更好地将其融入话务客服工作中。

任务目标

1. 了解话务客服沟通的特点；
2. 具备协作沟通的能力与团队意识。

任务准备

与同学建立探究小组，模拟话务客服沟通情景。

任务实施

子任务 1　总结话务客服沟通的特点

在为客户提供服务的过程中，客服人员要考虑客户的实际情况，根据客户的感受来调整服务形式，也就是为客户提供个性化、高价值的服务。话务客服的沟通表现也不是一成不变的，话务客服人员同样需要根据客户的实际情况，调整沟通策略，展现其优势特点。那么，话务客服的沟通有哪些特点？小华找到了以下两则案例，希望能从中得到一些启发。

案例 1

一位顾客在七夕节当天订购了一款 260 元的某品牌蛋糕，但左等右等不见工作人员送货上门，这位顾客跟自己的女朋友足足饿了两个小时。事后，这位顾客在微博上吐槽这件事，让人出乎意料的是，蛋糕店在第一时间进行了回复，积极道歉，并和这位顾客说明了原因。

令这位顾客万万没想到的是，两天后蛋糕店的客服人员联系他："您好，为表示我们真挚的歉意，可以免费回馈您一款价值 260 元的蛋糕，此次订单上已备注，您需要时来电即可安排。希望您能继续支持我们！"

这位顾客现在逢人就说："订了 260 元的蛋糕，白送一个 260 元的蛋糕，这辈子'嫁给'该品牌了！"要知道，这个 260 元的蛋糕可是在该顾客之前已经表示可以理解的基础之上再原价白送的！

该蛋糕品牌的"土豪"行为在很大程度上超出了常人的理性预期。放在其他企业，他们也许会补偿一张 100 元的代金券，但该蛋糕品牌诚意十足，账面上看起来损失了 260 元，但赚到的其实是更多的 260 元。

小华对案例 1 进行了如下思考：客服人员已经在微博沟通中说明原因，为何还要打电话联系客户再次进行沟通？此案例中的话务客服沟通为该蛋糕品牌化解了负面评价危机，甚至营造了良好的口碑，体现了话务客服沟通的什么特点？

_____

_____

_____

案例2

案例情景：客户A因为没有收到短信，损失了十万元的收入，现拨打客服电话向某公司进行投诉。

客服代表B：先生，您损失了十万元，我很理解您的心情，但是有没有可能是您自己手机关机超过了24小时，收不到短信的原因呢？

A：不可能，绝对是你们公司短信平台的问题，我现在要求你们赔偿，你给我一个解决方案。

B：您的问题我还没有调查，现在没办法向您做任何解释，所以我先给您记录，然后再给您回复。您看好吗？

A：行，我等着！

过了一小时，客户A再次拨打客服电话，客服代表C接了电话。

A：我今天投诉的问题，你们客服代表说会尽快回复我，现在过了一小时了，还没回复我。

C：先生，不好意思，我们是有一个内部处理流程的。您的问题我们已经详细记录了，我先帮您看看好吗？

A：好。

C：先生，是这样的，昨天我们公司给所有客户群发了短信，短信内容是晚上2点到4点短信平台将进行系统更新，在这个时间段内客户的手机是无法正常接收短信的。您的朋友是不是在那个时间段内发的短信呢？

A：是的。他当时告诉我就是在那个时间段内给我发的短信。

C：那么在那个时间段内，您可以选择别的通信方式啊。比如电话，邮件，或者告诉他另外的手机号码，这样就可以保证您的业务不受影响。

A：噢，这个事我确实没想到，不过现在业务已经受到影响了，你说你们那边能怎么赔偿吧。

C：先生，其实我非常理解您的心情，谁也不愿意有损失，更别说损失十万元了，我建议您可以先和您的合作伙伴谈一下如何将损失减到最少，很多事情都是有解决办法的。

A：如果挽回不了，我还是要找你们赔偿的。

C：先生，我一会发一条电信条例给您，内容如下：如果我们已经用短信告知了客户短信平台更新，那么更新期间的损失我们将不会承担。因为现在网络发达，大家可以选择多种交流方式，如 QQ、MSN、微信等，建议您将其他通信工具配合短信工具一同使用。

A：这么麻烦。我自己来想办法吧。谢谢你！

小华对案例 2 进行了如下思考：两个客服代表的处理方式有何不同？在此案例中，不同的话务客服沟通方式解决了怎样的客户问题，体现出了话务客服沟通的什么特点？

_____
_____
_____

头脑风暴

请同学们组成小组，根据客服工作途径的不同确定客服类别（根据实际讨论情况，增/减相应的类别），分别讨论每种客服类别沟通的优劣势，完成表 3-1 的填写。

表 3-1　每种客服类别沟通的优劣势

序号	客服类别	沟通优势	沟通劣势
1	在线客服	及时回复	
2	电子自动客服	24 小时应答	
3	话务客服		
4	专业技术客服		

根据以上讨论结果，通过对不同客服类别的比较，整理出话务客服沟通的特点。

_____
_____
_____

课堂小练

小华学习并总结了话务客服沟通的特点,现在根据公司主营的茶叶 B2B 销售业务对话务客服工作的需求,请同学们帮助小华整理出话务客服与在线客服的共同点与不同点,并将结果填在表 3-2 中。

表 3-2　话务客服与在线客服的共同点与不同点

序号	主要客服分类	共同点	不同点
1	话务客服		
2	在线客服		

子任务 2　在话务客服中应用沟通六步法

沟通技巧是指人在利用文字、语言或肢体动作等与他人进行交流时所使用的技巧。沟通技巧涉及许多方面,如简化运用语言、积极倾听、重视反馈、控制情绪等。在不同行业中,根据不同的经验总结而成的沟通技巧也不尽相同。想要在话务客服工作中进行有效沟通,提高客服工作效率,不妨按照"事先准备→确认需求→阐述观点→处理异议→达成协议→共同实施"这六个步骤来进行,这种方法称为"沟通六步法"。小华准备将沟通六步法在话务客服业务中进行实际应用。

步骤一:事先准备

在进行沟通活动之前,需要做好工作准备,一般包括以下几个步骤。

(1)设立沟通目标。

在进行话务客服的沟通活动之前,应当设立沟通目标。无论是主动外呼的客户服务,还是接受客户咨询的客户服务,都应事先明确通过沟通应为客户留下什么样的印象,为企业达成怎样的目标,从而为客户服务制订合理的沟通计划。

(2)制订沟通计划。

为了达成设立的沟通目标,并尽可能地减少意外状况的发生,通过沟通流程的拟定和沟通话术的准备,话务客服人员会针对售前、售中、售后等各种场景下的沟通内容制订详尽的沟通计划。

（3）预测可能遇到的意外状况。

在实际工作中，客户来电咨询的问题各种各样，尤其是在售后问题反馈或投诉的客服场景中，甚至会出现争执不下或客户情绪激动的状况；在售前，话务客服人员也会遇到很多专业方面的咨询。对此，话务客服人员需要提前准备好各类预案，时刻准备好应对可能出现的意外状况。

（4）对沟通计划进行 SWOT 分析。

"SWOT 分析"就是优势、劣势、机会与威胁分析。通过对沟通计划进行 SWOT 分析，话务客服人员能够将制订的沟通计划进一步优化，从而更高效地展开沟通活动。

小华通过对话务客服相关知识的回顾，根据事先准备的步骤对工作内容进行了拆解，并与同事们讨论出了话务客服沟通具体的准备内容，如表 3-3 所示。

表 3-3　话务客服沟通具体的准备内容

序号	事先准备的步骤	话务客服沟通具体的准备内容
例	设立沟通目标	对售前客服沟通设立提高成交转化率的目标，对售后客服沟通设立问题处理与解决的实践与效率目标等
1	制订沟通计划	
2	预测可能遇到的意外状况	
3	对沟通计划进行 SWOT 分析	

步骤二：确认需求

确认需求是在客户服务的沟通过程中，对客户需求的明确。确认需求一般按照有效提问、积极聆听、及时确认这三步来进行。其中，有效提问是对客户问题的引导，是一段沟通对话的起始语；积极聆听需要话务客服人员设身处地地听取客户的表述，目的是充分理解客户的核心需求；及时确认是为了完全理解对方所要表达的意思，以防没有听清楚或者理解有误，而做不到有效沟通。

小华通过对话务客服相关知识的回顾，根据确认需求的步骤对工作内容进行拆解，并与同事们讨论出话务客服沟通中确认需求的内容，如表 3-4 所示。

表 3-4　话务客服沟通中确认需求的内容

序号	确认需求的步骤	话务客服沟通中确认需求的内容
例	有效提问	1. 请问您主要对我们提供的哪项业务有疑问 2. 请问您是否在产品的使用方法上有一些疑惑
1	积极聆听	
2	及时确认	

> 知识链接

开放式提问和封闭式提问

提问在沟通中是常用的技巧，提问一般可分为开放式提问和封闭式提问两种方式。

开放式提问通常用的词语有"什么""怎么/如何""为什么"等。从回答者来看，开放式提问的答案比较开放，内容相对广泛多样。同时，回答者可能会觉得选择权在自己手里，感受到了尊重。对提问者来说，这样的提问有助于对回答者进行多方面的了解，可以掌握主动权。

比如，对于"听完这堂课感觉收获如何"这个问题，回答者可能有多方面的收获，不知道从何说起；如果问"听完这堂课感觉收获大吗"，提问者可能只是得到收获大或收获小的答案，并且大小是模糊的概念，不一定能了解其收获是什么。

封闭式提问通常用的词语有"是否/能否""或/还是"等。对回答者来说，问题的答案比较明确，简单容易，范围窄。对提问者来说，通过封闭式提问可以核实信息、征求选择意见、统一方向或态度等。

比如，对于"这样的结果是你想要的吗"这个问题，回答者会回复是与否，是一个选择与判断的过程。如果提问者接着问"你想要怎样的结果"，会得到更进一步的答案。

开放式提问和封闭式提问各有各的特点和意义，本身没有好坏之分，只是在不同情境中可以达到不同的目的。所以用什么提问方式，取决于当事人的目的和情境。

提问是一门艺术，不管是开放式提问还是封闭式提问，人们都需要根据情境和目的灵活地应用。同时，要考虑到回答者的感受，让沟通双方感到舒服，这样才能达到有效沟通的目的。

步骤三：阐述观点

阐述观点就是把观点更好地表达给对方，这是沟通的核心内容。在阐述观点时，有一个非常重要的原则——"FAB 原则"。"F"是指 Feature，即属性；"A"是指 Advantage，即积极作用；"B"是指 Benefit，即利益。在阐述观点的时候，按照这样的原则来说，更容易让对方听懂、接受。

小华通过对话务客服相关知识的回顾，根据阐述观点的 FAB 原则对工作内容进行拆解，并与同事们讨论出话务客服沟通中阐述观点的具体内容，如表 3-5 所示。

表 3-5　话务客服沟通中阐述观点的具体内容

序号	阐述观点的 FAB 原则	话务客服沟通中阐述观点的具体内容
1	属性	我们这款商品的质量是有业界证书保证的，价格是质量的表现
2	积极作用	价格虽然看似比其他店铺高，但商品质量是完全有保证的，也为您的后续使用提供一份安心
3	利益	如果因为质量问题后续经常需要更换，也是您的损失，您看是不是这样

步骤四：处理异议

在客服沟通中，尤其是在售后服务阶段，话务客服人员很有可能会遇到对方提出异议，即对方不同意自己的观点。在工作环境中，要想说服他人是比较困难的。在沟通中，如果异议得不到妥善处理，往往就会导致沟通的失败。在沟通过程中处理异议，要尽可能营造一个让客户可以畅所欲言、表达意见的环境，展现支持、理解、肯定的态度，尊重客户的情绪及意见，让客户逐渐认为此次交谈是一件轻松愉快、受益良多的事情。

小华通过对话务客服相关知识的回顾，将需要处理异议的场景对应的工作内容进行讨论，并与同事总结出话务客服人员在遇到客户提出异议时的处理话术，如表 3-6 所示。

表 3-6　话务客服人员在遇到客户提出异议时的处理话术

序号	客户提出异议的场景	处理话术
例	产品价格过高	我们非常理解您的心情，人人都想买到价廉质优的产品，我们的产品拥有各方面的质量把关，与同类产品相比有诸多优点，这样的价格也是对您购物的负责，我们提供××天保价服务，也请您放心购买
1	无法决定下单	
2	对话务客服人员不信任	
3	质疑产品的质量	
4		
5		
6		
7		
8		

步骤五：达成协议

沟通的结果是最后达成协议，也就是说，达成协议是完成沟通的标志。在达成协议的时候，话务客服人员往往需要做到以下几点：感谢——善于发现别人的支持，愿与合作伙伴分享工作成果，积极转达反馈意见，对杰出合作者的工作给予回报等；赞美——不吝对沟通对象表达自己的赞赏；庆祝——营造沟通结果令双方满意的欣喜环境，为今后的再次沟通或合作提升信度。

小华和同事们通过讨论确定了在话务客服的不同沟通场景中达成协议的话术，如表 3-7 所示。

表 3-7　在话务客服的不同沟通场景中达成协议的话术

序号	沟通场景	达成协议的话术
例	好评需求	非常感谢您选购我们家的产品，如果方便，请您给我们留下五星好评，我们将持续为您提供优质的产品与服务
1		
2		
3		
4		

步骤六：共同实施

在达成协议之后，沟通双方要共同跟进协议的实施。达成协议是沟通的结果，但是在工作中，任何的沟通结果都意味着另一项工作的开始，需要各方共同按照协商结果去实施。信任是沟通的基础，如果在达成协议后，话务客服人员没有按照协议去实施，就会造成不守信的结果，失去客户的信任，甚至影响后续更多的沟通，带来不可挽回的影响。所以，作为话务客服人员，一定要跟进所有达成的协议，确保对客户的承诺得以实现，从而高质量地完成客服工作。

小华与同事通过讨论确定了话务客服人员在不同场景中进行话务沟通后需要跟进的内容，如表 3-8 所示。

表 3-8　话务客服人员在不同场景中进行话务沟通后需要跟进的内容

序号	沟通场景	需要跟进的内容
例	要求退货退款	第一时间跟进退货物流信息，及时向客户返款，表达歉意
1		
2		
3		
4		

知识链接

在具体的话务客服工作中应用沟通六步法，能够将主观的客服沟通工作流程化，让话务客服人员在每次进行客户服务时都能够有条不紊地进行。一般在话务客服工作中应用沟通六步法的过程如下。

1. 事先准备

无论是售前、售中的话务客服工作，还是售后的话务客服工作，都需要设立沟通目标，制订沟通计划，列出可能的异议问题并拟定处理方案。

2. 确认需求

在与客户开始沟通的时候，话务客服人员一定要说出己方的目的或询问对方的目的。在话务客服沟通过程中一旦出现话题偏转，对话务客服人员来说可能会逐渐偏离沟通目标，难以达成预期效果；对客户来说可能会认为话务客服人员不够专业，甚至认为话务客服人员在回避问题。因此，话务客服人员一定要明确客户的需求。

3. 阐述观点

阐述清楚业务方案或解决方案，尽可能一次性拿出可行的解决方案，不留遗漏。这样做不仅能够避免客户后续的反复询问，提高沟通效率，还能彰显客户服务的专业性，令客户对产品附加服务价值更加认可。

4. 处理异议

在客户提出异议时，话务客服人员要尽可能采用对方的观点来说服对方。话务客服人员应站在客户的角度理解产品的应用,同时按照企业的利益需求来协调解决方案。处理异议的场景复杂,具有即时性,需要话务客服人员具备丰富的工作经验和极强的应变能力。

5. 达成协议

话务客服人员在达成协议后要感谢与赞美对方,确保沟通的有效。在实际工作中,有可能问题暂未得到解决,此时也需要让客户对本次协商的阶段性结果感到满意,并告知后续会继续提供服务,直到问题得到妥善解决。

6. 共同实施

在沟通完成或阶段性完成后,按照沟通协商的结果,开始协调各方进行后续工作的实施。沟通结果的实施既是客户服务的延续工作,也是沟通本身的最后环节。在必要时,话务客服人员还需要进行回访确认,让客户感受到完整的服务跟进,提升对企业的信任度与认可度。

头脑风暴

请同学们根据对话务客服的了解,想一想将沟通六步法应用在客户服务工作中,能对企业的业务发展起到怎样的促进作用。

_____
_____
_____
_____

经验之谈

有效的聆听可以带来有效的谈话。听得越多,接收得越多;接收得越多,了解得越深。"倾听的阶梯"提出的"积极倾听"应有的态度如下。

1. Look——注视说话者;
2. Ask——提出相关问题;
3. Don't interrupt——不打断别人的谈话;
4. Don't abruptly change subject——不突然改变话题;
5. Emotion——控制自己的情绪;
6. Respond——以言语、情绪、表情或肢体动作给予适当的回应。

课堂小练

小华现在需要根据公司主营的茶叶 B2B 销售业务，和客户开展一次介绍售前业务的沟通。请同学们根据所学的沟通六步法，帮助小华按照流程对此次业务沟通做一份沟通计划表，以小组为单位，讨论并完成沟通计划表的填写，如表 3-9 所示。

表 3-9 沟通计划表

沟通计划表		
沟通目的		
参加沟通人员		
沟通时间		
开场白与话题引导		
阐述项目重点 （自行拟定业务内容）	项目 1	
^	项目 2	
异议情况预测与拟处理	1	
^	2	
沟通结果	达成共识	
^	实施跟踪	
^	分歧点	
本次沟通重点		
下次沟通重点		

任务拓展

请同学们结合任务描述及任务实施的内容与方法，以小组为单位讨论话务客服的作用，并总结出沟通能力对话务客服的重要性，实施过程需要符合以下要求：

1．能够利用网络搜集话务客服的工作案例；

2．能够从案例中解读、分析话务客服对企业发展的作用；

3．能够协同组员讨论并确定沟通能力对话务客服的重要性。

任务工单 3-1

任务工单 3-1 如图 3-1 所示。

网店客户服务

项目名称：		任务名称：	
学号：		姓名：	

任务描述

王康是某高职院校的毕业生，近期在一家针织家纺类企业实习。该企业的床上四件套类产品近期大受各电商平台的欢迎，右图所示为该企业的一款床笠产品。由于该企业近期的订单火爆，客服部门急需人员协助，因此王康作为实习生被安排在客服部门进行轮岗。王康已经接受企业的基础培训，现在需要进一步学习话务客服岗位的工作技能。

接下来他将根据企业的业务需求，利用所学知识完成话务客服沟通特点的分析总结，并利用沟通六步法完成话务客服沟通计划表的填写。

任务实施

任务一：总结话务客服沟通的特点

通过采用网络搜索、访谈调研等方式，搜集各类与话务客服相关的真实工作案例，根据案例内容分析并总结话务客服沟通的特点，填写在下表中。

序号	话务客服沟通的特点
1	
2	
3	
4	
5	

任务二：根据沟通六步法完成沟通计划表

利用已学的话务客服沟通的相关知识（沟通六步法等）与客户心理学的相关知识，为话务客服沟通拟定一份沟通计划表。注意，沟通计划表的内容应涵盖各类情况，尽可能做到全面、实际。

沟通计划表	

教师点评

图 3-1　任务工单 3-1

任务评价

基于学生在本任务中学习、探究、训练时的课堂表现及完成结果,参照表 3-10 所示的考核内容及要求对学生进行评价,每条考核内容及要求的分值为 10 分,学生总得分=30%×学生自评得分+30%×教师评价得分+40%×企业评价得分。

表 3-10 学生考核表(七)

类别	考核项目	考核内容及要求	学生自评得分(30%)	教师评价得分(30%)	企业评价得分(40%)
技术考核	质量	能够解读实际的话务客服案例,并总结话务客服沟通的特点			
		能够进行各类话务客服沟通工作的优劣势分析,并总结话务客服沟通的特点			
		能够在实际工作场景中分析话务客服与在线客服的共同点与不同点			
		能够说出沟通六步法的具体步骤与内容			
		能够熟练运用沟通六步法开展话务客服沟通工作			
		能够根据沟通六步法填写沟通计划表			
非技术考核	态度	学习态度认真、细致、严谨,讨论积极,发言踊跃			
	纪律	遵守纪律,无无故缺勤、迟到、早退行为			
	协作	小组成员间合作紧密,能够互帮互助			
	文明	合规操作,不违背平台规则、要求			
总计					

存在的问题	解决问题的方法

任务二　运用话务沟通技巧

任务描述

在竞争日益激烈的今天，企业往往会花费大量资源来进行宣传营销、塑造正面品牌形象，这在无形中抬高了客户的期望值，而在实际消费时由于消费个体的主观差异，以及各种客观环境因素和突发因素的影响，不可避免地会出现服务体验不佳的情况。在第一时间发现并定位客户"体验落差"，借助高效互动渠道，通过话务沟通技巧开展快速、有效的针对性服务补救，逐渐成为体验经济时代企业提升核心竞争力的重要一环。小华已经学习了话务客服沟通的方法，在上岗实践前，还需要学会在工作中运用话务沟通技巧。

通过对本任务的学习，请同学们基于小华的任务情境，帮助他整理话务客服工作的常见问题，并对话务客服问题的补救方法进行总结与学习，做好话务客服的准备工作，形成岗位技能的完整闭环，从而更好地胜任话务客服工作。

任务目标

1. 整理归纳出话务客服工作的常见问题；
2. 总结话务客服问题的补救方法；
3. 具备解决问题的能力，提高处变不惊的抗压心理素质，提升职业核心素养。

任务准备

1. 具备良好的网络条件，准备相关信息查询设备；
2. 与同学建立讨论小组，模拟话务客服工作场景，为分组讨论做准备。

任务实施

子任务 1　整理话务客服工作的常见问题

在不同的服务行业中，话务客服人员在工作中所遇到的问题往往不尽相同。比如，在电子商务客户服务中，买家往往会直接表达不满，对产品质量、价格、物流等问题质疑或进行投诉，或者店铺平台软件方面出现技术问题。各种不同的问题都是话务客服人员在工作中需要面对与解决的。

头脑风暴

请同学们根据平日的生活经历讨论在话务客服工作中常见的疑难问题，以及产生这些疑难问题的原因，将讨论结果填入表 3-11 中。

表 3-11　话务客服工作中常见的疑难问题及其产生的原因

序号	话务客服工作中常见的疑难问题	疑难问题产生的原因
例	信息准确性问题	话务客服人员记录出错或者客户表达不清
1		
2		
3		
4		

小华准备通过分析以下几则案例，与同事们讨论话务客服工作中常见的疑难问题，并按场景类别进行整理汇总，将结果填入表 3-12 中。

案例 1

某日，一位客户刚拨通某移动通信公司的客服电话就大喊："你们公司是怎么收费的？简直乱来！我话费中怎么会有梦网费？我从来没有申请过，是你们强行给我定制出来的！我根本不需要，你们赶紧把费用退还给我！不然我就销号！"

案例 2

某电商客户打电话给商家，说在该商家购买的取暖器造成人身伤害。商家客服人员要求提供照片核实，解释正常操作产品是不会出现所述问题的。客户要求退货，并表示将进行法律维权。当晚商家致电客户并欲给出初步解决方案，但客户拒接电话。三天后电商平台的客服专员跟进处理，妥善解决了客户方面的问题。

案例 3

一位男子致电某银行客服经理，非常生气地说自己的储蓄卡被"无缘无故"地扣钱。客服经理查询了其账户明细，发现该客户每个季度都会被扣 3 元的小额账户管理费。客服经理耐心地向该客户解释道："如果账户里的金额不足 300 元，每个季度会被扣小额账户管理费。"

该客户还是表示不满，客服经理经查询发现该客户还有另外一个储蓄卡，并询问该客户是否平时比较常用这张储蓄卡，该客户表示自己平时只用这张储蓄卡办理业务。客服经理在了解情况后向该客户解释，每位客户可享受一个账户免小额账户管理费，并迅速为该客户办理小额账户管理费免除业务。该客户被客服经理耐心周到的服务打动，连声道谢，并表示以后还会一如既往地在该银行办理业务。

表 3-12　不同场景下话务客服工作中常见的疑难问题

序号	场景类别	话务客服工作中常见的疑难问题
例	因不满服务而退货	气愤的客户提出退货要求，情绪难以抚平
1		
2		
3		
4		

经验之谈

电商客服工作中常见的沟通问题有以下几类：

1. 产品质量问题；
2. 快件物流问题；
3. 退换货问题；
4. 商品点评问题。

子任务 2　总结话务客服问题的补救方法

活动 1：了解补救五原则

（1）补救必须是积极主动的。

有效的补救必须是积极主动的，主要通过补救执行者的热情主动来感染客户，态度上的诚恳、主动要比技巧上的娴熟有用得多。

（2）补救程序是有计划性的。

补救程序是针对经常发生又不能被设计在系统之外的服务失误拟定的应急预案，方便一线

"流程化启动执行"。比如,在飞机晚点的应急预案中,应包含不同晚点时长下对应的补救程序。

(3)补救是及时的。

越早发现客户的受损点并开展补救,客户感知会越好。最高境界的补救是在潜在受损客户感知到"服务落差"前就发现并主动解决问题。

(4)补救是有针对性的。

补救必须有足够的针对性,要能有效地契合客户感知的不满点。比如,客户对新购汽车的质量不满,在保换期内的补救措施是换车,过了保换期可以提供延长的免费维修服务,让客户不满的问题得到直接或间接的解决。

(5)补救需要足够的技巧和授权。

补救的流程可以接近完美,但执行起来给客户的最终感知不完美,关键在于执行者,因此开展有效的培训可以让一线员工树立自信、增强补救能力。此外,为保障补救的成效,在应急方案中应明确补救资源的授权范围,比较常见的是分层分级授权。越是重视服务、管理水平先进的公司,被授权的一线补救权力就越大,这既体现了充分信任,又使得补救开展起来最有效。

小华通过对以上内容的学习,思考在话务客服工作中,应当如何根据"补救五原则"对出现的问题进行补救。

_____
_____
_____
_____

活动 2:总结补救的方法

根据客户来电前、中、后的逻辑,常用的补救方法主要有 6 种,包括源头品测防控、热线及时接通、复杂问题在线跟进、未解决投诉二次跟进、疑难投诉后续跟进和重点客户阶段修复。

(1)源头品测防控。

质量管理大师克劳斯比(Crosby)指出:"质量应该是零差错的,应该一次性把事情做对。"为保障客户对营销方案的体验感知,企业可在营销方案正式推出前邀请内部不同部门的成员进行体验并提出改善建议,优化后再推出。

(2)热线及时接通。

企业应珍惜每一次和客户互动交流的机会,为客户提供其所需的服务和支持,以每一次客户体验愉悦为最终目标,如可对每月拨打热线却未能成功打通的客户提供离线预约和电话回访服务。

(3)复杂问题在线跟进。

如果不能令客户当次来电需求得到彻底有效的满足,客户就不可能"真正感到满意",后续可能会再次拨打热线咨询,这对资源损耗和服务质量而言是双输局面。因此,话务客服工作应尽可能做到"一次接触、全程响应、持续跟进、真正解决"。

(4)未解决投诉二次跟进。

对每一单客户投诉都要做到百分百实时跟进、闭环归档,确保客户感到不满意的问题得到有效跟进和解决。

(5)疑难投诉后续跟进。

本着"相互理解、持续跟进"的原则,对于疑难投诉,企业一般可采用"先挂起、后跟进"的策略,持续跟进疑难问题的解决。

(6)重点客户阶段修复。

企业一方面可借助整体营销和传播资源,针对重点客户开展阶段修复;另一方面可充分利用客服中心自有渠道的优势,为重点客户提供双高双优尊享服务,加大在线服务的权重。

小华通过对以上内容的学习,思考在话务客服工作中,应当如何应用补救方法对出现的问题进行补救。

_____
_____
_____
_____

课堂小练

小华通过采用案例解读与分析的方法总结整理了话务客服的常见问题,并且学习了补救方法,为了更实际地应用补救方法,还需要进行工作的模拟演练。请同学们按照以下步骤帮助小华进行话务客服补救工作的模拟演练,并分小组进行讨论与总结,将结果填入表3-13和表3-14中。

步骤 1：整理话务客服的常见问题（根据实际情况，增/减相应的分类）

在茶叶 B2B 销售业务的售前、售中、售后或其他场景中总结话务客服的常见问题。

表 3-13　不同场景中话务客服的常见问题

序号	场景分类	话务客服的常见问题
例	售前	今年茶叶价格上涨
1	售中	
2	售后	

步骤 2：总结补救方法（根据实际情况，增/减相应的分类）

针对步骤 1 中讨论出的常见问题，根据补救五原则，讨论具体的补救方法（包括实施计划、应对话术等）。

表 3-14　话务客服常见问题的补救方法

序号	常见问题	补救方法
例	今年茶叶价格上涨	解释原材料、人工、运输包装的成本上涨
1		
2		
3		
4		
5		

企业课堂

在数字化转型时代，AI 赋能企业客服增效

同样是打电话，为什么有的人工作效率高，有的人工作效率低呢？这其中很重要的原因是沟通话术和语言逻辑的不同。"对方的心理防线高、接了电话没说几句就挂断，这是话务客服人员在日常沟通中经常遇到的问题，如今，AI 技术可以帮助话务客服人员有效地解决沟通难题，提高工作效率"，沃丰科技副总裁傅亮说道。

据悉，传统企业的话务客服工作多依托人工提供相应的咨询和服务，大多数传统企业在销售过程中以"人海战术"为主要获客模式。相关统计数据显示，90% 以上的销售通话时长短于 60 秒，客户服务普遍面临着人力成本高、获客及运营效率低、数据分析能力薄弱等问题。

据介绍，相比传统的话务客服，智能话务客服利用 NLP（自然语言处理）、ASR（语音识

别技术）等技术提升了对文字、语言的处理能力，在接入渠道、响应效率、数据管理分析等方面具有突出优势，极大提高了话务客服人员的工作效率。此外，智能话务客服从行业发展的痛点出发，能够实现会话转接和人机操作同步执行，实现由原来需要大量人工的客服模式向智能设备与少量人工相结合的客服模式转变。

2022年1月20日，沃丰科技联合中国信息通信研究院云计算与大数据研究所发布了《智能客服数字化趋势及央国企转型实践报告》。该报告预测，2025年，95%的客服互动将由AI技术主导完成。届时，机器人的语义表述和沟通表达能力可达到"以假乱真"的地步。这一切，得益于底层AI技术（如NLP、深度学习技术、ASR）的进一步发展和突破。

（素材来源：环球网）

任务拓展

请同学们结合任务实施的内容与方法，利用网络工具或其他调研工具收集不限于话务客服的问题案例，分析问题产生的原因，并提出解决方案，整个过程需要符合以下要求：

1．能够利用网络进行资料的搜集调查；
2．能够对案例进行解读与分析，总结案例中的重点客服问题；
3．对各类客服工作（尤其是在线客服）中的常见问题进行整理，并提出补救方法。

任务工单 3-2

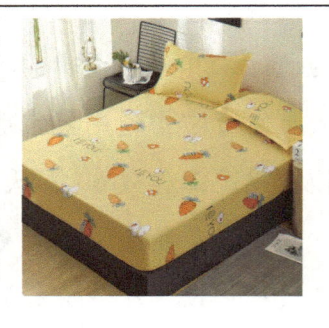

任务工单 3-2 如图 3-2 所示。

项目名称：	任务名称：
学号：	姓名：
任务描述	

任务描述
王康是某高职院校的毕业生，近期在一家针织家纺类企业进行实习。该企业的床上四件套类产品近期大受各电商平台的欢迎，右图所示为该企业的一款床笠产品。由于该企业近期的订单火爆，客服部门急需人员协助，因此王康作为实习生，被安排在客服部门进行轮岗。 王康需要继续对话务客服的具体沟通技巧进行学习，在填写话务客服的沟通计划表后，他现在需要根据业务需求分析话务客服工作中会出现的常见问题，并总结出相应的补救方法。

图 3-2　任务工单 3-2

任务一：整理话务客服工作中的常见问题

通过所学知识，根据企业产品的特点分析话务客服在各场景下的问题，填写下表。注意，场景分类不限于以下三类，可以利用网络案例进行话务客服问题的总结。

场景分类	常见的话务客服问题
售前	
售中	
售后	

任务二：提出话务客服问题的补救方法

针对任务一中分析出的问题，根据补救五原则，提出具体的补救方法（包括实施计划、应对话术等），填入下表中。

问题	补救方法

教师点评

图 3-2 任务工单 3-2（续）

任务评价

基于学生在本任务中学习、探究、训练时的课堂表现及完成结果，参照表 3-15 所示的考核内容及要求对学生进行评价，每条考核内容及要求的分值为 10 分，学生总得分=30%×学生自评得分+30%×教师评价得分+40%×企业评价得分。

表 3-15 学生考核表（八）

类别	考核项目	考核内容及要求	学生自评得分（30%）	教师评价得分（30%）	企业评价得分（40%）
技术考核	质量	能够根据案例梳理出话务客服工作中的常见问题			
		能够协作讨论并分析话务客服问题产生的原因			
		能够理解话务客服问题的补救原则，并将其应用于实际问题的补救中			
		能够采用补救方法解决话务客服工作中的常见问题			
		能够根据实际工作内容整理常见的话务客服问题			
		能够采用补救方法解决根据实际工作内容整理的话务客服问题			
非技术考核	态度	学习态度认真、细致、严谨，讨论积极，发言踊跃			
	纪律	遵守纪律，无无故缺勤、迟到、早退行为			
	协作	小组成员间合作紧密，能够互帮互助			
	文明	合规操作，不违背平台规则、要求			
总计					

存在的问题	解决问题的方法

任务三　完善话务客服话术

📝 任务描述

在话务客服人员和客户进行交涉的时候，话术就是双方沟通的直接桥梁。甜言蜜语固然好听，但是实际能解决问题的话术才是客户服务的关键，毕竟客户在咨询时的第一诉求是想要解决自己的问题，而主动联系客户的外呼电话更需要完善的客服话术，才能达到沟通目标。小华是杭州某茶业有限公司的一名话务客服人员，目前已经了解与学习了话务客服工作的基本知识，还需要利用已学理论知识拟定并完善各场景下的客服话术。

通过对本任务的学习，请同学们基于小华的任务情境，帮助他完成各场景下客服话术的拟定与优化，使小华能够直接利用准备好的话术应对各类客服场景，给客户提供更好的服务体验。

📚 任务目标

1. 能够自主拟定各场景下的客服话术；
2. 能够利用话务沟通技巧优化与完善拟定的客服话术；
3. 具备创新思维，能够在话务沟通中合理地完善、更新话术内容。

🖱 任务准备

与同学建立探究小组，模拟话务客服的沟通情景。

✍ 任务实施

子任务1　拟定各场景下的话务客服话术

客服工作往往针对公司的主营业务，因此在长期的经验积累下，会形成经典的对话场景和通用的优质客服话术。在不同的对话场景下，话务客服人员可以快速检索相应的话术，并根据当下场景的需求，适当修改后跟客户进行沟通。

网店客户服务

头脑风暴

思考并讨论以下问题：话务客服人员在工作中一般面临的客服场景都有哪些？不同的话务客服人员在相同的客服场景下使用的话术是一样的吗？

_____
_____
_____
_____

小华与同事合作模拟各类对话场景，对以下对话场景的空缺处进行了补充，还通过讨论拟定了各类话务客服场景下的客服话术，如表 3-16 所示。

活动 1：售前客服话术

对话场景 1：售前咨询，新客户业务咨询

客户：您好，是××茶叶公司吗？我之前和你们的销售人员联系过，请帮我把电话转给你们的销售顾问。

话务客服人员：_____

_____

活动 2：售中客服话术

对话场景 2：售中咨询，议价问题

客户：您好，我看上了你们首页的一款精品茶叶礼盒，但不知这个礼盒值不值，我这边要送人，就怕你们这图片和实物差别大。

话务客服人员：_____

_____

活动 3：售后客服话术

对话场景 3：售后咨询，产品问题

客户：您好，上周在你们茶叶公司买新款茶叶时，话务客服人员说有赠品，但我在收货时并没有看到啊，怎么回事？

话务客服人员：_____

_____

活动 4：其他对话场景的客服话术

客户：_____

_____

话务客服人员：_____

_____

表 3-16　拟定不同话务客服场景下的客服话术

序号	话务客服场景	拟定的客服话术
例	售前客服	您好，这里是杭州某茶叶有限公司，请问您有什么需求吗
1		
2		
3		
4		

知识链接

安抚客户话术

一、站在客户角度

1. 我能理解，我非常理解您的感受。

2. 我理解您为什么生气，如果我是您，也会和您有同样的感受。

3. 请不要担心，我很理解您的心情，我们会尽全力为您解决问题。

4. 这件事情给您带来了不便，但我们应该积极面对，对吧？我非常理解您的感受。

5. 请放心，我们会查清楚，给您一个满意的答复。

6. 如果是我，我也会焦虑，我和您有同感。

7. 您好，很抱歉给您带来这么多麻烦。如果我是您，我也会非常生气，但请您冷静下来，给我几分钟的时间解释原因。

二、让客户觉得被重视

1. 您已经是我们这么长时间的客户了。

2. 您是长期支持我们的老客户了。

3. 您对我们的业务这么熟悉，而且您是我们的老客户了。对不起，我们犯了这样一个错误，我们很抱歉。

4. 很抱歉之前的服务让您体验不好。我们非常重视客户的意见，我们会尽快将您的意见反映给相关部门。

三、用"我"代替"你"

1. 你把我弄糊涂了→我不太明白，能请您重复一下您的问题吗？
2. 你犯了个错误→我觉得我们的沟通可能有误会。
3. 我已经说得很清楚了→可能是我没解释清楚，让您误会了。
4. 你明白吗？→我的解释您能明白吗？
5. 啊，你说什么？→对不起，我没听清楚。您能再说一遍吗？
6. 你认为这可能吗？→我建议您改变一下角度。

四、让客户感受到亲近

1. 非常感谢您的好建议。因为有了您的建议，我们会不断进步。
2. （客户不满意但不追究时）感谢您的理解和支持。我们将不断改进我们的服务，让您满意。
3. 老师，您都是我们的老客户了。当然，我们不能辜负您的信任。
4. 您在这个问题解决后尽管放心使用，感谢您对我们服务的监督，这将让我们做得更好。
5. 感谢您对我们的支持，您反馈的建议，将成为我们之后改进工作的重要参考内容。
6. 针对您刚才所反映的情况，我们会不断地去改善，希望改善后能给您带来更好的服务。
7. 让您产生这样的疑惑，实在抱歉！非常感谢您提供给我们的宝贵建议，有您这样的客户是我们的荣幸。

子任务 2　利用沟通技巧优化话务客服话术

头脑风暴

请同学们根据已学的话务客服相关知识，与同一小组的同学讨论话务客服沟通技巧都有哪些，并通过网络搜索查找更多的沟通技巧，填入表 3-17 中。

表 3-17　话务客服沟通技巧

序号	话务客服沟通技巧
例	语言简洁、语速不要过快
1	
2	

小华根据之前所学的话务客服沟通技巧，包括沟通六步法和话务客服问题补救方法等，将子任务1中拟定的售前、售中、售后与其他话务客服场景的话术进行优化，得到一份能够用来指导工作的客服话术，如表3-18所示。

表3-18 拟定话术的优化

场景	原拟定话术	优化方法	优化后的话术内容
售前	您好，这里是杭州某茶叶有限公司，请问您有什么需求吗	FAB优化法	您好，我是杭州某茶叶有限公司的话务客服人员，能为您提供商品咨询、订单咨询、售后咨询等服务，请问有什么能够帮到您
售中			
售后			
其他话务客服场景			

任务拓展

请同学们结合任务描述及任务实施的内容与方法，分小组讨论话务客服人员在话术准备中的不恰当用语并加以优化，记录讨论结果，讨论过程需要符合以下要求：

1．能够采用网络搜索的方式搜集话务客服工作的反面案例；

2．能够从案例中分析出客服话术中的不恰当用语；

3．能够协同组员讨论并确定对应的话术优化方案。

任务工单3-3

任务工单3-3如图3-3所示。

网店客户服务

项目名称：	任务名称：
学号：	姓名：

任务描述

王康是某高职院校的毕业生,近期在一家针织家纺类企业实习。该企业的床上四件套类产品近期大受各电商平台的欢迎,右图所示为该企业的一款床笠产品。由于该企业近期的订单火爆,客服部门急需人员协助,因此王康作为实习生,被安排在客服部门进行轮岗。

王康在接下来的工作实践中,需要拟定各场景下的客服话术,并利用已学的话务客服沟通技巧来进行话术完善,做好话务客服岗位的话术准备。他准备根据企业近期热销的产品,做好售前、售中和售后的话术拟定与优化。

任务实施

任务一:拟定各场景下的客服话术

通过采用网络资料查找、小组模拟探讨等方式,确定话务客服场景,拟定各场景所需要的客服话术,填写在下表中。

序号	话务客服场景	拟定的客服话术
1		
2		
3		
4		
5		

任务二:利用话务客服沟通技巧优化客服话术

利用所学的话务客服沟通技巧,对任务一中拟定的客服话术进行优化,将相关内容填入下表。

序号	原拟定的客服话术	优化方法	优化后的客服话术
1			
2			
3			
4			
5			

教师点评

图 3-3　任务工单 3-3

任务评价

基于学生在本任务中学习、探究、训练时的课堂表现及完成结果，参照表 3-19 所示的考核内容及要求对学生进行评价，每条考核内容及要求的分值为 10 分，学生总得分=30%×学生自评得分+30%×教师评价得分+40%×企业评价得分。

表 3-19 学生考核表（九）

类别	考核项目	考核内容及要求	学生自评得分（30%）	教师评价得分（30%）	企业评价得分（40%）
技术考核	质量	能够与同组同学进行良好的沟通，协作完成话务客服场景的确定			
		能够与同组同学共同模拟话务客服场景，在模拟场景中讨论并拟定客服话术			
		能够根据实际工作需求拟定售前、售中、售后等场景对应的客服话术			
		能够与同组同学良好沟通，回顾与总结话务客服沟通技巧相关知识			
		能够利用话务客服沟通技巧对拟定的客服话术进行完善、优化			
		能够根据实际工作需求对拟定的客服话术进行完善、优化			
非技术考核	态度	学习态度认真、细致、严谨，讨论积极，发言踊跃			
	纪律	遵守纪律，无无故缺勤、迟到、早退行为			
	协作	小组成员间合作紧密，能够互帮互助			
	文明	合规操作，不违背平台规则、要求			
总计					
存在的问题		解决问题的方法			

任务四 训练话务客服业务

任务描述

话务客服作为经典的客户服务模式,主要通过拨打或接听电话帮助客户解决问题。以呼入客服业务为例,其主要流程一般为:客户来电进入呼叫中心系统;按企业预设的分配规则转到座席;接听并记录客户问题;配合相应部门解决问题。小华在杭州某茶业有限公司担任话务客服人员,在到岗前的最后一项准备工作是熟练话务客服的业务流程,他将对呼入类话务客服和呼出类话务客服这两类业务分别进行深入了解与实践训练。

通过对本任务的学习,请同学们基于小华的任务情境,帮助他缕清话务客服的业务流程,全面了解话务客服岗位的工作内容,从而为做好话务客服工作打下坚实的基础。

任务目标

1. 熟悉呼入类话务客服与呼出类话务客服的业务流程;
2. 能够执行话务客服业务;
3. 具备批判思维与应变能力,提升动手操作能力与业务执行能力。

任务准备

具备良好的网络条件,准备相关信息查询设备。

任务实施

呼入类话务客服和呼出类话务客服是两类不同的话务客服工作,其业务流程也是不尽相同的。呼入类话务客服常见的业务流程有查询、预约、订单受理、处理服务咨询热线、物流跟踪、处理投诉热线和产品咨询等;呼出类话务客服常见的业务流程有关怀回访、电话营销、风险提示及信息搜集等。本次任务将分别对呼入类话务客服和呼出类话务客服进行业务流程的梳理和业务工作的实践训练。

子任务 1　掌握呼入类话务客服业务

头脑风暴

请同学们以小组为单位，对话务客服工作的内容进行回顾与讨论，整理出呼入类话务客服业务的内容，填入表 3-20 中。

表 3-20　呼入类话务客服业务的内容

序号	呼入类话务客服业务的内容
例	通过打电话与客户沟通，完成客户信息咨询
1	
2	
3	

小华通过进行网络搜索，整理出呼入类话务客服的业务流程，并画出了流程图。

流程图绘制区

课堂小练

小华通过对呼入类话务客服业务工作内容的搜集与整理,已经明确了呼入类话务客服的业务流程。现在根据其所在公司主营的茶叶 B2B 销售业务对呼入类话务客服的需求,请同学们帮助小华分析并总结出呼入类话务客服的具体业务流程与内容,并将结果填入表 3-21 中。

表 3-21　呼入类话务客服的具体业务流程与内容

序号	具体业务流程	内容
1		
2		
3		
4		
5		

子任务 2　掌握呼出类话务客服业务

头脑风暴

请同学们以小组为单位,对话务客服工作的内容进行回顾与讨论,整理出呼出类话务客服业务的内容,填入表 3-22 中。

表 3-22　呼出类话务客服业务的内容

序号	呼出类话务客服业务的内容
例	销售,提高沟通效率和销售转化率
1	
2	
3	
4	

小华通过进行网络资料查询,整理出呼出类话务客服的业务流程,并画出了流程图。

项目三　掌握话务客服工作技巧

流程图绘制区

课堂小练

小华通过对呼出类话务客服业务工作内容的搜集与整理，已经明确了呼出类话务客服的业务流程。现在根据其所在公司主营的茶叶 B2B 销售业务对呼出类话务客服的需求，请同学们帮助小华分析并总结出呼出类话务客服的具体业务流程与内容，并将结果填入表 3-23 中。

表 3-23　呼出类话务客服的具体业务流程与内容

序号	具体业务流程	内容
1		
2		
3		
4		
5		

知识链接

客服业务典型工作内容

一、客户资料管理

1. 资料收集。客户资料的收集要求客服人员每天都要认真地提取客户的信息，以便关注客户的发展状态。

2. 资料整理。客服人员将提取的客户信息递交给客服主管，由客服主管安排人员进行信息汇总、分析分类，分派专人管理各类资料，并要求每天及时更新，避免遗漏。

3. 资料处理。客服主管按照客户数量均衡、兼顾业务能力的原则，将客户资料分配给相关客服人员。客服人员应在一周内与负责的客户进行沟通，并做详细备案。

二、对不同类型的客户进行不定期回访

客户的需求在不断变化，通过回访不但了解了不同客户的需求，还可以发现自身工作中的不足，及时补救和调整，满足客户需求，提高客户满意度。

三、高效投诉处理

完善投诉处理机制，注重处理客户投诉的规范性和效率性，形成闭环的管理流程，做到有投诉即时受理，快速出结果，处理后有回访，使得客户投诉得到高效和圆满的解决。

四、协助市场销售

客户服务的电话外呼营销对销售成功与否起着重要作用，客服人员需要与各部门密切沟通，参与营销活动，这就要求客服人员要具有一定的销售能力，掌握一定的销售技巧。

任务拓展

请同学们结合任务描述及任务实施的内容与方法，分小组讨论话务客服人员的作用，并总结出沟通能力对话务客服人员的重要性，整个过程需要符合以下要求：

1. 能够利用网络搜集话务客服人员的工作案例；
2. 能够从案例中解读并分析话务客服人员对企业发展的作用；
3. 能够协同组员讨论并确定沟通能力对话务客服人员的重要性。

任务工单 3-4

任务工单 3-4 如图 3-4 所示。

项目名称：	任务名称：
学号：	姓名：

任务描述

王康是某高职院校的毕业生，近期在一家针织家纺类企业实习。该企业的床上四件套类产品近期大受各电商平台的欢迎，右图所示为该企业的一款床笠产品。由于该企业近期的订单火爆，客服部门急需人员协助，因此王康作为实习生，被安排在客服部门进行轮岗。

王康经过对各类话务客服相关知识的学习，做好了全面的功课，最后他将根据企业的业务需求，整理出呼入类和呼出类话务客服业务的内容，并形成具体的工作计划。

任务实施

任务一：掌握呼入类话务客服业务

通过对任务描述的解读，以及对该企业业务的分析，根据课上总结的呼入类话务客服的业务流程，对该企业具体的呼入类话务客服业务的内容进行分析，将分析结果填写在下表中。

呼入类话务客服的业务流程	具体内容

任务二：掌握呼出类话务客服业务

通过对任务描述的解读，以及对该企业业务的分析，根据课上总结的呼出类话务客服的业务流程，对该企业具体的呼出类话务客服业务的内容进行分析，将分析结果填写在下表中。

呼出类话务客服的业务流程	具体内容

教师点评

图 3-4 任务工单 3-4

任务评价

基于学生在本任务中学习、探究、训练时的课堂表现及完成结果，参照表 3-24 所示的考核内容及要求对学生进行评价，每条考核内容及要求的分值为 10 分，学生总得分=30%×学生自评得分+30%×教师评价得分+40%×企业评价得分。

表 3-24 学生考核表（十）

类别	考核项目	考核内容及要求	学生自评得分（30%）	教师评价得分（30%）	企业评价得分（40%）
技术考核	质量	能够根据已学知识整理出呼入类话务客服业务的内容			
		能够通过搜集并整理网络资料，绘制呼入类话务客服的业务流程图			
		能够根据实际工作要求总结出呼入类话务客服业务的具体内容			
		能够根据已学知识整理出呼出类话务客服业务的内容			
		能够通过搜集并整理网络资料，绘制呼出类话务客服的业务流程图			
		能够根据实际工作要求总结出呼出类话务客服业务的具体内容			
非技术考核	态度	学习态度认真、细致、严谨，讨论积极，发言踊跃			
	纪律	遵守纪律，无无故缺勤、迟到、早退行为			
	协作	小组成员间合作紧密，能够互帮互助			
	文明	合规操作，不违背平台规则、要求			
总计					

存在的问题	解决问题的方法

【学习笔记】

通过对本篇内容的学习，请同学们结合自己的学习情况，总结出自己认为本篇应当掌握的重难点及学习感悟。

在线商城客服篇

　　随着互联网的蓬勃发展，各类在线商城平台也蓬勃发展，涌现出了很多优秀的电商平台，如淘宝、京东、拼多多等，这些平台成了众多创业者优先选择的平台。在线商城客服人员对各类平台店铺来说起着举足轻重的作用，他们直接面对买家，并为其解决问题。淘宝客服人员的需求量日益增多，金牌淘宝客服人员成为普通淘宝客服人员追求的目标。

引导案例

小杰是某电器商城旗舰店的客服人员。他正在通过千牛工作台的聊天界面，解答买家对商品的咨询问题。

买家：在你家店铺看到这个……（某品牌电压力锅链接），销量挺好，评价也挺高，达到了4.8分，我也想拍一个。

小杰：亲！您看到的是我们小店销量最好的电压力锅，好评过万条了哦！

买家：哦，可以给我具体介绍一下吗？

小杰：当然，亲！这是一款非常适合家庭使用的电压力锅。这款电压力锅是今年上市的新品，有5L与6L两种类型，容量大，可以满足2~7人的需求；它集煮饭、煲汤、煲粥、炖肉、蒸煮等烹饪功能于一体；这款电压力锅还支持24小时预约定时，让您可以随时吃到热腾腾的饭菜。除此之外，它还有两个内胆：一个内胆是原装不粘锅内胆，用于煮饭；另一个内胆是彩琅内胆，用于煲汤，是目前电压力锅使用的最好内胆哦！

买家：听起来还不错，年纪大的人能用吗？我是买给我奶奶用的。

小杰：亲，完全可以！这款电压力锅有独立按键，操作非常简单，就算家里老人用也不用担心，可以放心拍哦！

买家：描述很详细，多谢，我准备拍一个。

小杰：感谢您对小店的支持，祝您购物愉快！

小杰在结束了与该买家的聊天后，开始查看自己与该买家的所有聊天内容，整理并获取该买家的有关信息，并将该买家添加在淘宝客户群中进行分组管理，便于后期对该买家关系的维护。

案例思考：

结合上述案例，请思考在线商城客服人员对店铺的作用。在线商城客服人员在工作中常使用的工具有哪些？他们需要掌握哪些技巧？

项目四

认识在线商城客服的工作规范

项目情景

杭州某茶叶有限公司主要经营茶叶，包括绿茶系列、经典茗茶、花草茶等。其基于互联网平台打造出自己的"互联网+茶业"商业模式，形成一条集茶叶技术研发、茶叶标准化种植、茶叶保鲜包装、质量安全检测、仓储物流服务、智能化加工销售等为一体的现代化、国际化的产业链。产业链上的茶农、茶企、消费者紧密关联，构建了"客户+现代农业"的共富模式。该公司以"更+放心、更+贴心、更+专心"的服务理念，传递产业的健康力量。为了传递公司的服务理念，客服部门各个小组近期开展了人员考核及技能培训，以筛选出更符合岗位要求的人员，培养一批知识储备全面、操作技能较强、服务水平优质的金牌客服人员。

学习目标

知识目标

1. 熟悉在线商城客服人员的用语规范；
2. 掌握平台规则及平台促销活动规则；
3. 了解常见的违规行为及处理方法。

能力目标

1. 能够依据平台服务用语规范，开展日常客服工作；
2. 能够在客服工作中遵守平台规则，避免因出现违规行为而受到平台处理。

网店客户服务

素养目标

具备法律法规意识，在客服工作中遵守《中华人民共和国电子商务法》的规定。

任务预览

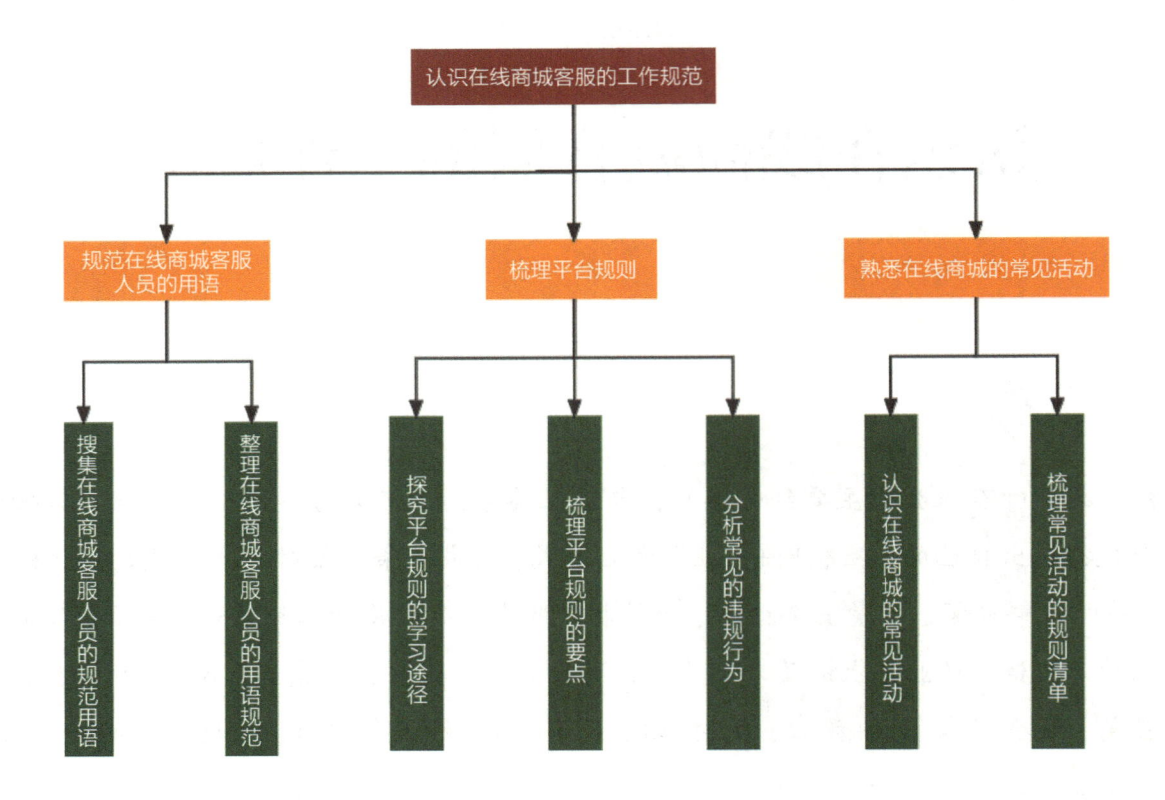

```
                        认识在线商城客服的工作规范
           ┌───────────────────────┼───────────────────────┐
    规范在线商城客服              梳理平台规则              熟悉在线商城的常见活动
      人员的用语
     ┌──────┬──────┐         ┌──────┬──────┬──────┐         ┌──────┬──────┐
   搜集在  整理在              探究平  梳理平  分析常              认识在  梳理常
   线商城  线商城              台规则  台规则  见的违              线商城  见活动
   客服人  客服人              的学习  的要点  规行为              的常见  的规则
   员的规  员的用              途径                                 活动    清单
   范用语  语规范
```

任务一　规范在线商城客服人员的用语

任务描述

在线商城客服人员（简称客服人员）的主要工作是与买家沟通。在交流过程中，买家对客服人员的印象大多来自客服人员的语言表达，也就是说，客服人员的语言表达会对产品介绍，乃至整个销售活动产生重大影响。因此，保证语言得体、规范是很有必要的。在线商城客服组作为客服部门的二级部门，主要负责企业所有在线商城平台的售前、售中及售后的客服工作。小李作为在线商城客服组的成员，近期将接受组长及部门经理的考核。为了能够顺利地通过考核，她准备将在线商城客服的理论知识进行整理，并对整理的内容进行学习、记忆。她准备从客服人员的用语规范开始学习。通过什么渠道去学习？怎么去学习？学习的重点是什么？这是她需要考虑的问题。

通过对本任务的学习，请同学们基于小李的任务情境，帮助她搜集在线商城客服人员的规范用语。

任务目标

1. 了解在线商城客服人员的工作规范；
2. 掌握在线商城客服人员的规范用语；
3. 具备服务意识，能够在客服工作中使用规范用语，为客户提供优质的服务。

任务准备

1. 准备好不同在线商城平台的账号信息；
2. 确保网络和电脑设备正常且稳定；
3. 保障客服电话交流畅通；
4. 准备入企调研的明细表和调研问卷。

任务实施

子任务1 搜集在线商城客服人员的规范用语

语言文字是在线商城客服人员与客户沟通的主要工具，在线商城客服人员应根据需要规范使用语言文字，以体现客服工作的专业性，并表达对客户的尊重。因此，在线商城客服人员需要了解其在服务过程中所使用的规范用语。

小李现在准备通过不同的渠道，搜集在线商城客服人员规范用语的有关内容，她选择了以下几种渠道。

（1）企业调研：通过与多家电商企业的客服经理或客服人员进行沟通，了解他们对在线商城客服人员用语的要求。

（2）网络搜索：在搜索引擎中输入关键词"在线商城客服人员规范用语"，查找并筛选出相关资料。

（3）在线商城平台的官方要求：进入在线商城平台的规则中心，收集有关在线商城客服人员规范用语的内容。

（4）《中华人民共和国广告法》中的规定：查找并整理《中华人民共和国广告法》中对广告内容的要求，筛选出有关在线商城客服人员规范用语的内容。

小李根据从以上几种渠道搜集的在线商城客服人员规范用语的内容，制作了一个在线商城客服人员规范用语搜集结果整理表，如表4-1所示。

表4-1 在线商城客服人员规范用语搜集结果整理表

序号	搜集渠道	搜集的内容
1	企业调研	举例：《企业客服规范用语》的调研问卷
2	网络搜索	举例：客服人员常用服务用语合集
3	在线商城平台的官方要求	举例：《商家管理规范总则》
4	《中华人民共和国广告法》中的规定	举例：《中华人民共和国广告法》对广告内容的要求汇总

子任务2　整理在线商城客服人员的用语规范

在线商城客服人员在与客户进行沟通交流时，需要遵循一定的用语规范。在线商城客服人员使用正确、适当的语言，不仅反映了其自身的教养、对买家的尊敬，而且体现了双方关系发展所达到的程度。在线商城客服人员在与客户聊天过程中发送敏感词，平台会处罚商家；发送严重违规词，商家将面临平台的扣分处罚，甚至赔款等。

基于客服工作的需要，小李对从不同渠道搜集到的客服用语规范进行筛选，基于称呼用语、敏感词及违禁词三类总结出在线商城客服人员的用语规范，如表4-2所示。

表4-2 在线商城客服人员的用语规范

序号	类别	用语规范
1	称呼用语	举例：对客户的称呼应用"先生""小姐""女士"，也可以使用"您"，切忌用"你"
2	敏感词	举例：第三方平台的信息或名称、极限词、其他交易方式、引导好评和辱骂词等
3	违禁词	

头脑风暴

案例

小A是一家主营品牌女鞋的电商企业的淘宝客服人员，近期有客户进店咨询了一款女士跑步鞋，以下是小 A 和该客户的对话内容。

客户：（该款鞋的链接），你好，我想咨询一下这款鞋。

小 A：亲，你好！有什么能帮到你的吗？

客户：请问这款鞋有几种颜色？

小 A：亲，这款鞋总共有三种颜色：白色、黑色、粉色，你想要选哪一种颜色呢？

客户：这款鞋的质量怎么样？价格会不会有点高了？

小 A：亲，这款鞋的质量非常好，绝对没有问题，保证不会出现断裂、脱胶等质量问题。价格也不算高，跟其他平台相比，性价比绝对算是最高的。

客户：你们提供服务保障吗？有什么优惠吗？

小 A：亲，你放心，这款鞋不仅可以七天无理由退换，还由保险公司承保。关于优惠，您可以加店铺微信，提供二维码，我们将通过返现的方式给你适当的优惠，您看怎么样？

客户：好的。

小 A：亲，您还有什么需要的？

请同学们根据所学内容，找出案例中出现了哪些不符合规范的服务用语，并将找出的内容填写在表 4-3 中。

表 4-3　不符合规范的服务用语

序号	不符合规范的服务用语	优化后的服务用语
1	你好	您好
2	性价比绝对算是最高的	性价比是非常高的
3	关于优惠，您可以加店铺微信，提供二维码	我们现在有优惠活动，我发给您看一下
4		
5		
6		

任务拓展

请同学们通过网络搜集 2~3 个客户向在线商城客服人员咨询某款产品的案例，并判断案例中在线商城客服人员的服务用语是否符合规范，如果不符合，应做好优化。

任务工单 4-1

任务工单 4-1 如图 4-1 所示。

网店客户服务

项目名称：	任务名称：
学号：	姓名：

任务描述

冯小贝是"童年时光"淘宝店铺的一名客服人员，该店铺主营儿童玩具、早教用具等产品。近期有客户进店咨询了一款幼童玩的小汽车玩具（该产品的具体信息如右图所示），接待该客户的正是冯小贝，客户向冯小贝询问了该产品的用途、质量、适用年龄、品质保障等一系列的内容。

在客户问到该产品的工艺时，冯小贝是这样回答的："亲，您好！这款产品采用的是最新科技、最先进的技术，并采用了全国一流的加工工艺。"该客户听到这样的回答后有些疑虑，就停止了咨询。客服经理了解到情况后，让冯小贝进行反思，并进一步学习服务时的规范用语，将所学内容整理成表格，不断地记忆和查看。

越野参数
OFF-ROAD REMOTE CONTROL VEHICLE

产品名称：特大号遥控越野车
产品货号：510
产品材质：abs/合金材质
适用年龄：3～12岁
续航时间：30～40分钟
充电时间：60～120分钟
产品尺寸：30cm×19cm×19cm 遥控距离：50～100米
包装尺寸：34cm×20cm×24cm 遥控类型：枪式遥控器
产品配置：四驱越野车x1 遥控器x1 充电电池x1 usb充电线x1
产品功能：前后左右遥控、led车顶灯、百米遥控、四驱驱动、攀爬越野、弹簧减震

任务实施

任务一：搜集在线商城客服人员的规范用语

可以通过企业调研、网络搜索、平台查找等方式，搜集在线商城客服人员的规范用语，填写在下表中。

搜集方式	搜集的规范用语

任务二：整理在线商城客服人员的用语规范

结合搜集的在线商城客服人员的规范用语，整理在线商城客服人员的用语规范，填写在下表中。

规范用语	用语规范

教师点评

图 4-1　任务工单 4-1

任务评价

基于学生在本任务中学习、探究、训练时的课堂表现及完成结果，参照表 4-4 所示的考核内容及要求对学生进行评价，每条考核内容及要求的分值为 10 分，学生总得分=30%×学生自评得分+30%×教师评价得分+40%×企业评价得分。

表4-4　学生考核表（十一）

类别	考核项目	考核内容及要求	学生自评得分（30%）	教师评价得分（30%）	企业评价得分（40%）
技术考核	质量	能够独立搜集在线商城客服人员的规范用语			
		能够完成在线商城客服人员用语规范的整理			
		能够整理出在线商城客服人员用语规范的要点内容			
		能够复述称呼的用语规范，正确率在90%以上			
		能够复述敏感词的用语规范，正确率在90%以上			
		能够复述违禁词的用语规范，正确率在90%以上			
非技术考核	态度	学习态度认真、细致、严谨，讨论积极，发言踊跃			
	纪律	遵守纪律，无无故缺勤、迟到、早退行为			
	协作	小组成员间合作紧密，能够互帮互助			
	文明	合规操作，不违背平台规则、要求			
总计					

存在的问题	解决问题的方法

任务二　梳理平台规则

任务描述

店铺在运营过程中首先需要遵守国家的法律法规，其次需要遵守平台规则。平台规则起到规范企业行为、维护买卖双方利益的作用。小李在整理完在线商城客服人员的用语规范后，开始梳理平台规则，因为作为在线商城客服人员，只有熟悉平台规则，才能避免在日常客服工作中给店铺带来不必要的损失。平台规则是在线商城客服人员的重要考核内容之一。小李能够通过哪些途径学习平台规则呢？她需要掌握哪些平台规则才能通过考核，并将其应用于日常的客服工作中呢？

通过对本任务的学习，请同学们基于小李的任务情境，帮助小李找出平台规则的学习途径，并梳理平台规则的要点。

任务目标

1. 了解平台规则的学习途径；
2. 熟悉并掌握平台规则的要点；
3. 能够识别不同的违规行为，并提出对应的处理措施；
4. 具备自主学习和探究的能力，能够通过多种途径学习淘宝的平台规则。

任务准备

1. 准备好已开通的淘宝账号、拼多多账号、京东账号，以及其他在线商城的账号信息；
2. 整理客户咨询案例；
3. 准备良好的网络设备及稳定的网络信号。

任务实施

子任务 1　探究平台规则的学习途径

俗话说"无规矩不成方圆",每个平台都有自己的规则,这些规则不仅可以用来规范企业的行为,也可以用来维持平台稳定的秩序。店铺运营者要想在平台上更好地经营店铺,就必须遵守平台规则。作为在线商城客服人员,每天要接受不同客户的咨询,更需要熟悉平台规则,以防在与客户沟通过程中因违反规则而给店铺造成损失。

小李结合公司在在线商城中店铺的情况,并借助网络搜索功能,以及自己的工作经验,查找平台规则的相关内容,如搜索关键词"淘宝的平台规则""拼多多的平台规则",或直接登录平台的规则中心等进行查看、阅读,并将学习途径进行整理,总结出表 4-5 所示的在线商城平台规则的学习途径。

表 4-5　在线商城平台规则的学习途径

序号	具体内容
途径 1	举例:网络搜索的方式。具体内容如下:在平台官方网站搜索引擎搜索框中输入"平台规则"→进入平台的规则中心页面→查看、阅读平台规则
途径 2	
途径 3	

子任务 2　梳理平台规则的要点

平台规则不仅可以保障平台客户的合法权益,还可以维持平台的正常运营秩序。对店铺的客服人员来说,不仅需要了解店铺管理、商品管理、交易管理等方面的规则,还需要熟悉争议处理、违规处理等方面的规则,才能避免在日常工作中给店铺带来不必要的损失。

小李根据所整理的学习途径,进入规则中心页面,通过阅读可以学习平台各个方面的规则。不同平台的规则类型及规则要求有所不同,比如有涉及交易、评价、包邮、客服、仓储、商品管理、店铺评分等各个方面的规则类型和规则要求。小李通过登录不同平台的官方网站,梳理出各平台规则的要点，并将具体内容填在了表 4-6 中。

表 4-6　各平台规则的要点

平台	规则类型	规则的要点
淘宝	争议处理规则	举例：（1）除特殊规定外，交易做退货退款处理的，或卖家同意退货协议但无确切证据证明卖家有责的，在买家将退货商品交付承运人后，商品的破损风险由卖家承担；商品的损毁、灭失风险由买家承担，买家有权向承运人求偿。 卖家在同意退货协议时附有合理条件的，买家退货应符合该条件。 （2）卖家交付买家的商品存在严重劣质、大量货不对板情形的，经淘宝综合判断，有理由认为卖家无履行合同之意图的，视为卖家拒绝履约，支持退款

头脑风暴

案例 1　"晒美家，领红包啦""晒图片 5 张+视频+好评，联系客服领 20 元红包"……江苏宿迁市某天猫网店采取"好评返现"的方式诱导消费者给予好评，商家在确认买家收货并给予好评后，通过支付宝返给买家 20 元红包。该网店因诱导消费者进行"好评"，被宿迁市宿城区市场监督管理局罚款 1 万元。

案例 2　2017 年 3 月，淘宝店主童某发现，他店铺内鲜有差评的一台"爆款"电脑主机，收到了一条有些奇怪的差评，更让童某纳闷的是，无论是其提出退款退货，还是提出让对方凭票报销维修费用等各种解决方案，买家都不接受。考虑到差评对销量有影响，童某再次与对方沟通，结果对方提出索要 8888 元的"补偿"，还不退还电脑主机。不堪忍受差评骚扰的童某选择报警，并将信息反馈至阿里平台。在平台的协助下，深圳龙华警方展开侦查，最终抓获了曾某等 7 名犯罪嫌疑人。

请同学们结合所学平台规则的内容，判断上面两个案例中的当事人分别违反了哪些平台规则，以及违反的规则要点是什么，填入表 4-7 中。

表 4-7　上述两个案例中的当事人违反的平台规则及其要点

序号	违反的平台规则	违反的平台规则的要点
案例 1	评价规范	卖家行为：（一）不得自行或通过第三方要求买家只写好评、修改评价、追加评价等； （二）不得以物质或金钱承诺为条件鼓励、引导买家进行"好评"，包括但不限于全五星返现、好评返现、好评免单、好评返红包、好评返优惠券； （三）不得通过诱导买家、虚假交易等不正当方式获取不真实的评价； （四）不得自行或通过第三方故意给予同行竞争者与事实不符的评价
案例 2		

子任务 3　分析常见的违规行为

想要成为一名优秀的在线商城客服人员，不仅需要了解平台最基本的规则，还应该避免一些不必要的违规行为。因此，在线商城客服人员需要了解常见的违规行为，并基于平台规则来规范自己的日常行为，切忌出现违规行为，给店铺带来严重的损失。

小李认为自己作为在线商城客服人员，还需要了解常见的违规行为，才能避免在工作中因出现违规行为而给店铺造成被投诉或扣分的风险。她基于平台规则，并结合自己在日常工作中遇到的咨询场景，通过采用网络搜索、案例分析等方式，整理出了常见的违规行为及其处理措施，如表 4-8 所示。

表 4-8　常见的违规行为及其处理措施

违规类型	常见的违规行为	对应的规则内容	具体的处理措施
一般违规行为	违背承诺	指卖家未按照承诺向买家提供服务，妨害买家权益和/或未按照承诺向天猫平台履行义务的行为	举例：卖家违背发货承诺，情节一般的，向买家赔付一定的金额； 情节严重的，可采取扣 A 类 6 分、下架商品、删除商品等措施； 滥用上述规则并发起赔付申请的，平台不支持赔付

头脑风暴

场景1

客户：亲，明天急需商品，下午能发顺丰不？

客服人员：亲，没问题，今天就帮您发顺丰！

客户：谢啦！

（一天后）

客户：亲，都快晚上了，我怎么还没收到货？

客服人员：亲，不好意思，没联系上顺丰，就给您发了中通快递。

客户：不是说好发顺丰的吗？今天要是收不到货，我就不要了。

场景2

客户：亲，刚刚在团购下单时好像选错尺码了，能帮我核对下订单信息吗？

客服人员：亲，这里查询到您的账号之前没有相关的订单，请问之前是用谁的账号拍下的呢？

客户：哦，我朋友的账号，他现在已经在飞机上，没法核对，所以委托我来操作，他的ID号是×××××，否则到时退货很麻烦啊！

客服人员：好的，我把订单号发给您，您再核对一下。

场景3

客户：亲，能发一下您的手机号吗？我直接打电话问您宝贝的具体情况！

客服人员：亲，抱歉，公司不允许我们在上班时使用手机，请在千牛上联系。

客户：那我加一下您的微信吧，我通过微信了解一下您家这款宝贝，并尽快付款！

客服人员：可以，微信号是×××。

场景4

客服人员：亲，在收到鞋子后，写10字评价加5星截图、自己的旺旺号、购买店铺名称、手机号，赠送3元红包哦。

客户：这个好评返现是真的吗？

客服人员：是的，亲！

客户：嗯嗯。

请同学们思考一下，上面这几个场景中有没有出现违规行为。如果有，将具体的违规行为填入表4-9中。

表 4-9　上述四个场景中具体的违规行为

序号	是否违规（填"是"或"否"）	具体的违规行为
场景 1	是	未按约定向买家提供承诺的服务，妨害买家的权益
场景 2		
场景 3		
场景 4		

知识链接

违背发货承诺的违规行为及其处理措施如表 4-10 所示。

表 4-10　违背发货承诺的违规行为及其处理措施

违规行为	具体情形	处理措施
违背发货承诺——延迟发货	卖家未在"发货时间"完成发货行为	卖家须向买家赔付该商品实际成交金额的 5%，且赔付金额最高不超过 30 元，最低不少于 5 元
违背发货承诺——缺货	1. 在订单延迟发货后的 72 小时内仍未发货； 2. 卖家自主承认缺货/拒绝发货/要求加价发货等	卖家须向买家赔付该商品实际成交金额的 30%，且赔付金额最高不超过 100 元，最低不少于 5 元
违背发货承诺——虚假发货	在发货过程中，对应物流信息存在明显异常或卖家未真实发出应交付商品，包含但不限于以下情形： 1. 根据订单发货时间认定标准，在显示"已揽收/揽件"等信息后 24 小时内无任何物流更新记录； 2. 物流信息与实际收货地址不符； 3. 其他异常情形	

网店客户服务

头脑风暴

案例内容：

小张在拼多多的一家女装店买了一件白色T恤衫，客服人员承诺48小时内发货并告知选的快递公司为顺丰。后来小张在查询物流时发现，自己下单已超过96小时，商品还未发货。在小张催促发货后，客服人员以活动期订单量大而搪塞。小张在半个月后才收到货，打开包裹后发现夹带"好评返现"的定制类卡券，同时，原本拍下的白色T恤衫成了一双40码的黑色袜子，本来就因为发货晚而生气的小张顿时火冒三丈，她毫不犹豫地向平台投诉了该店铺，并且申请退货退款。后来几天，该店铺的客服人员不停地给小张致电、发送信息，要求小张撤回投诉。在小张拒绝后，该店铺的客服人员多次在深夜、凌晨等不适宜交流的时间联系小张，甚至给小张邮寄了冥币、寿衣等具有伤害性的物品。

请同学们认真分析以上案例内容，思考下列问题：

1. 客服人员的哪些行为违规？
2. 针对这些违规行为，平台应该对店铺采取怎样的处理措施？
3. 小张应该得到怎样的补偿？

请同学们将结果填在表4-11中。

表4-11　客服人员的违规行为和处理措施，以及小张应得的补偿

客服人员的违规行为	举例：（1）未在"发货时间"完成发货； （2）以物质或金钱承诺为条件鼓励、引导买家进行"好评"，包括但不限于全五星返现、好评返现、好评免单、好评返红包、好评返优惠券
处理措施	
小张应得到的补偿	

任务拓展

请同学们结合任务描述及任务实施的内容，进入拼多多的规则中心，整理出拼多多对客服违规行为及处理措施的规定，并自行搜集相关案例，分析案例中客服人员的违规行为，整个过程需要符合以下要求：

1. 对《拼多多商家客户服务管理规则》进行解读；
2. 整理出客服人员违规的相关案例，可网络查询，也可进行对话预设；
3. 根据拼多多的平台规则，对案例中客服人员的违规行为进行分析，思考平台针对不同

违规行为应采取的处理措施。

任务工单 4-2

任务工单 4-2 如图 4-2 所示。

项目名称：		任务名称：
学号：		姓名：
任务描述		
冯小贝是"童年时光"淘宝店铺的一名客服人员，该店铺主营儿童玩具、早教用具等产品。近期客户 A 进店咨询了一款幼童玩的小汽车玩具（该产品的具体信息如右图所示），接待该客户的正是冯小贝。在与客户 A 沟通过程中，冯小贝因客户 A 需要，将与客户 B 的聊天截图发给了客户 A，造成客户 B 的个人信息泄露，导致店铺被投诉。客服经理知道情况后，对冯小贝进行了批评，要求其加强对平台规则的学习，并掌握规则要点，避免在后续工作中再违反平台规则。		
任务实施		

任务一：探究平台规则的学习途径

请同学们结合所学的任务实施内容，并通过网络搜索的方式，帮助冯小贝整理出平台规则的三种学习途径，并将每种学习途径的具体操作步骤填入下表。

学习途径	具体操作步骤
学习途径 1	步骤 1： 步骤 2： 步骤 3： ……
学习途径 2	
学习途径 3	

任务二：梳理平台规则的要点

通过任意一种学习途径进行平台规则内容的学习，结合所学内容总结出平台规则的要点，并完成下表的填写。

平台规则的类型	平台规则的要点
交易方面	关于超时的规定： （1）自买家拍下或卖家最后修改交易条件之时起三天内，买家未付款的，交易将会关闭。卖家不要去主动关闭买家拍下的订单； （2）买家自付款之时起即可申请退款，自买家申请退款之时起两天内卖家仍未发货的，淘宝将会通知支付宝退款给买家； （3）自卖家在淘宝上确认发货之时起，买家未在以下时限内确认收货且未申请退款的，淘宝将会通知支付宝打款给卖家

图 4-2 任务工单 4-2

任务三：分析常见的违规行为

结合淘宝的平台规则，通过网络搜索或案例分析等方式，分析客服人员常见的违规行为，并梳理出处理措施，填写在下表中。

违规类型	常见的违规行为	具体违规内容	处理措施
一级违规行为	不当言语或态度	对买家使用侮辱性、威胁性、挑衅性、辱骂性或歧视性的言语，或者表现出不专业的态度	对淘宝客服人员一级违规行为的具体处罚，将根据违规行为的性质、严重程度，以及平台政策来实施

教师点评

图 4-2　任务工单 4-2（续）

任务评价

基于学生在本任务中学习、探究、训练时的课堂表现及完成结果，参照表 4-12 所示的考核内容及要求对学生进行评价，每条考核内容及要求的分值为 10 分，学生总得分=30%×学生自评得分+30%×教师评价得分+40%×企业评价得分。

表 4-12 学生考核表（十二）

类别	考核项目	考核内容及要求	学生自评得分（30%）	教师评价得分（30%）	企业评价得分（40%）
技术考核	质量	能够整理出不同的平台规则学习途径			
		能够梳理出各个平台规则的类型及要点			
		能够复述出常见的违规行为，正确率在90%以上			
		能够复述出常见违规行为的处理措施，正确率在90%以上			
		能够结合不同的案例分析其中的违规行为			
		能够结合案例中的违规行为提出处理措施			
非技术考核	态度	学习态度认真、细致、严谨，讨论积极，发言踊跃			
	纪律	遵守纪律，无无故缺勤、迟到、早退行为			
	协作	小组成员间合作紧密，能够互帮互助			
	文明	合规操作，不违背平台规则、要求			
总计					

存在的问题	解决问题的方法

任务三 熟悉在线商城的常见活动

任务描述

网店除了经常参加一些在线商城的日常活动，还会报名参加商城的促销活动。网店通过参加商城的促销活动，不仅可以提升店铺销量、人气，还可以为新品销售做前期预热，并能够稳定老客户。小李认为自己作为在线商城客服人员，除了需要了解用语规范及平台规则，还需要掌握平台促销活动的规则，只有熟悉平台促销活动的规则，才能避免因违反活动规则而给店铺带来不必要的损失。因此，她还需要整理出在线商城常见的促销活动及活动规则，并对整理的内容进行学习、记忆，为即将到来的考核做足准备。在线商城都有哪些促销活动？具体的活动规则是什么？这是她需要考虑的问题。

通过对本任务的学习，请同学们基于小李的任务情境，帮助小李搜集在线商城的常见活动，并梳理出常见活动的规则清单。

任务目标

1. 认识在线商城的常见活动；
2. 梳理常见活动的规则清单；
3. 能够结合案例辨别出违反规则的促销活动；
4. 具备基本的职业道德和职业操守，能够遵守企业的保密协议，不泄露店铺的促销活动信息。

任务准备

1. 准备多个正在运营的在线商城的账号；
2. 准备好设备（包括电脑、智能手机等）和稳定的网络信号。

任务实施

子任务1 认识在线商城的常见活动

促销活动是提升产品销量的重要活动。商家通过参加平台的大型促销活动，可以提升店铺人气，如通过采取降价、打折、满减等方式，给予客户一定的优惠，来提升店铺人气。商家也可以为新品销售做前期预热，如在新品上市时，通过大量的平台活动进行宣传推广，不仅能为店铺带来一时的人气，还能吸引新客户，为店铺增加粉丝，从而提升新品宣传的覆盖率，为新品积累人气。此外，商家通过做促销活动，为老客户开通会员，按照其消费的金额为其积分，可以更好地刺激老客户的消费欲望，不断稳定老客户。

小李采用网络搜索的方式，在浏览器中输入关键词"平台常见活动"，或直接进入平台官网，了解平台的常见活动，并将收集到的活动名称及活动内容填入表4-13中。

表4-13 在线商城常见活动的活动名称及活动内容

序号	活动名称	活动内容
1	跨店满减	指卖家根据在线商城平台官方营销活动的要求自行报名，买家在其店铺或跨店铺交易时符合一定条件即可减免部分消费金额的营销活动
2	限时折扣	限时折扣是一种通过限定时间段内的超低价格来吸引客户的促销方式。商家可以选择某个或某些商品在限定的时间段内以折扣价出售，营造紧迫感，提高客户的购买意愿
3	推荐有奖	商家可以为推荐新客户的老客户提供一定的折扣优惠，以激励现有客户发起推荐行为。这不仅可以增加新客户的数量，还可以促进客户之间的互动，提升客户的忠诚度
4		
5		

子任务2 梳理常见活动的规则清单

不同的活动类型具有不同的规则，在线商城客服人员只有熟悉并掌握这些活动的规则，才能够根据客户的需求，为其推荐合适的商品，也可避免因违反活动规则而给店铺带来不必要的损失。

小李结合在上述任务中所整理的常见活动，进入平台官网的规则中心页面，通过阅读学习，了解到平台常见活动的规则。不同平台的规则有所不同，比如淘宝有关于"跨店满减""店铺红包"等活动的规则，拼多多有关于"满额优惠""多单立减""百亿补贴"等活动的规则。小李通过登录不同平台的官方网站，梳理出各平台的活动规则，并整理出一份不同平台常见活动的规则清单，如表4-14所示。

表4-14 不同平台常见活动的规则清单

平台	活动名称	具体的活动规则
淘宝	跨店满减	（1）仅在已设置跨店满减玩法的淘宝卖家店铺内购买商品（该商品页面上将以图标方式显示，且文案中带有"满 X 减 Y"字样，其中 X 为满减门槛，仅为商品金额，不包含运费、税金、服务费等，Y 为可减免金额）时，在符合满减门槛的情况下才生效； （2）在满减门槛及可抵扣金额（即"满 X 减 Y"）一致的前提下，在同一店铺或多家店铺内购买活动约定类目下的商品时可使用；如不一致，则无法使用。在跨店铺使用时，减免金额按照商品金额比例分摊； （3）跨店满减可叠加使用，每满即减，上不封顶

经验之谈

在线商城客服人员在给客户传达促销活动信息时，应掌握一定的技巧：

1. 注意活动的时效性，让客户在有效时间内做好购物的准备；
2. 注意营造紧张感，如活动时限、活动名额、商品库存等。

有效回复率：有效回复的客户总人数占咨询总人数的比例。

询单转化率：最终成交人数占询单总人数的比例。

头脑风暴

案例：

下面是某淘宝旗舰店的大促活动方案的一些内容。

在"双 11"到来之际，淘宝商城进行了一些大规模的打折促销活动，以提高销售额度。2022 年 11 月 11 日前后，众多商家推出 5 折优惠及跨店满减的促销活动，届时会有 2100 万人集体疯抢，150 多家知名品牌参与。某淘宝旗舰店也想利用这次高流量、高成交的机会，提高店铺的人气及销量，推出了全场满 2 元减 1 元（相当于全场 5 折）、店铺红包和抢购优惠券的促销活动。满 2 元减 1 元的活动拍下即减，且全场包邮。店铺红包和优惠券在购买该店铺内的任意一款产品时即可使用，且在当年内的任何时间点都有效。

当有客户咨询参加活动的商品时，该店铺的客服人员需要结合促销活动的具体内容和活动规则，向前来咨询的客户推荐合适的商品。

请同学们结合平台活动规则的内容，帮助该店铺的客服人员分析该店铺参加了哪些促销活动，以及具体的活动内容是什么，并根据活动类型梳理出具体的规则要求，如表 4-15 所示。

表 4-15　该店铺参加的促销活动的类型、内容及具体规则要求

促销活动的类型	促销活动的内容	促销活动的具体规则要求
跨店满减	店铺红包和抢购优惠券	使用规则： （1）仅限在发放红包的店铺内使用，且对全店商品通用； （2）订单金额高于红包面额或订单满一定金额可使用； （3）店铺红包只能用于抵扣商品金额，不能用于运费、服务费等非商品金额的抵扣； （4）店铺红包可与以下活动同时使用：店铺满返、店铺满减、淘金币、集分宝、支付宝现金红包等

任务拓展

请同学们通过网络搜集 2～3 个店铺参加平台促销活动的案例，分析案例中促销活动的类型、具体的内容，并判断是否有违反活动规则的行为，如果有，请优化其活动内容。

任务工单 4-3

任务工单 4-3 如图 4-3 所示。

项目名称：	任务名称：
学号：	姓名：

任务描述

冯小贝是"童年时光"淘宝店铺的一名客服人员，该店铺主营儿童玩具、早教用具等产品。近期有客户进店咨询了一款参加促销活动的产品，接待该客户的正是冯小贝，客户除了向冯小贝询问这款产品的特性、质量，还咨询了促销活动的内容。

客户："你好，我看咱们店铺有领券购物的活动，这款积木（产品链接）参加活动吗？具体如何使用优惠券？"

冯小贝："您好！这款产品参加活动。只要您领了优惠券，就可以直接使用。"

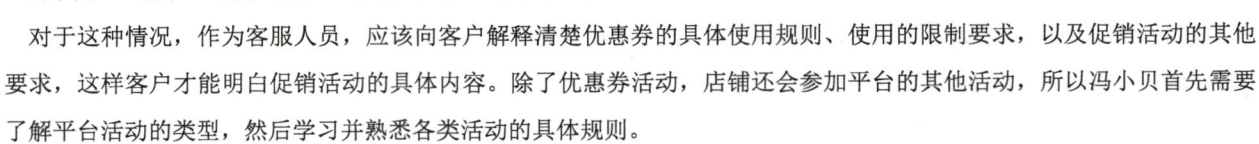

对于这种情况，作为客服人员，应该向客户解释清楚优惠券的具体使用规则、使用的限制要求，以及促销活动的其他要求，这样客户才能明白促销活动的具体内容。除了优惠券活动，店铺还会参加平台的其他活动，所以冯小贝首先需要了解平台活动的类型，然后学习并熟悉各类活动的具体规则。

任务实施

任务一：认识在线商城的常见活动

请同学们在搜索引擎的搜索框内输入关键词或进入在线商城官网的规则中心，帮助客服人员冯小贝查找平台的常见活动，并将查找的结果填写在下表中。

活动类型	活动的具体描述

任务二：梳理常见活动的规则清单

进入在线商城的规则中心，学习并熟悉常见活动的规则，整理出各类活动规则的相关要求，完成下表的填写。

活动类型	活动规则的相关要求		
	使用规则	使用限制	退款规则

教师点评

图 4-3　任务工单 4-3

任务评价

基于学生在本任务中学习、探究、训练时的课堂表现及完成结果,参照表 4-16 所示的考核内容及要求对学生进行评价,每条考核内容及要求的分值为 10 分,学生总得分=30%×学生自评得分+30%×教师评价得分+40%×企业评价得分。

表 4-16 学生考核表(十三)

类别	考核项目	考核内容及要求	学生自评得分(30%)	教师评价得分(30%)	企业评价得分(40%)
技术考核	质量	能够复述出在线商城常见活动的类型,正确率在 90%以上			
		能够复述出在线商城常见活动的具体内容,正确率在 90%以上			
		能够梳理出在线商城常见活动的规则			
		能够复述出常见活动规则的要点,正确率在 90%以上			
		能够分析出案例中的促销活动类型			
		能够结合案例分析出店铺所违反的具体活动规则			
非技术考核	态度	学习态度认真、细致、严谨,讨论积极,发言踊跃			
	纪律	遵守纪律,无无故缺勤、迟到、早退行为			
	协作	小组成员间合作紧密,能够互帮互助			
	文明	合规操作,不违背平台规则、要求			
总计					
存在的问题		解决问题的方法			

法治课堂

对电商经营者的相关法律规定

为了创造一个良好的网络购物环境,电商经营者不仅要遵守相应的平台规则,还要遵守相关的法律法规,在经营过程中不断地增强法治观念,做社会主义法治的自觉遵守者。具体来说,电商经营者要熟悉《中华人民共和国电子商务法》的相关规定,避免触碰法律红线。

电商经营者是指通过互联网等信息网络从事商品销售或者提供服务等经营活动的自然人、法人或非法人组织,包括电子商务平台经营者、平台内经营者,以及通过自建网站、其他网络服务销售商品或者提供服务的电子商务经营者。

(一)电商经营者销售的商品或者服务应当符合保障人身、财产安全的要求和环境保护的要求,不得是法律、行政法规禁止交易的商品或者服务。

(二)电商经营者应当全面、真实、准确、及时地披露商品或者服务的信息,保障消费者的知情权和选择权。电商经营者不得以虚假交易、编造用户评价等方式进行虚假或者造成误解的商业宣传,误导、欺骗消费者。

(三)电商经营者在根据消费者的兴趣爱好、消费习惯等特征向其提供商品或者服务的搜索结果时,应当向该消费者提供不针对其个人特征的选项,尊重和保护该消费者的合法权益。

(四)电商经营者应当按照承诺或者与消费者约定的方式、时限,向消费者交付商品或者服务,并承担商品运输中的风险和责任。消费者另行选择快递物流服务提供者的除外。

项目五

使用在线商城常用客服工具

项目情景

杭州某茶叶有限公司的客服部作为该企业的优秀部门,屡屡收到客户的好评。为了践行企业"更+专心"的服务理念,以及向客户提供私人定制茶饮的专项服务,客服部还需要进一步提高团队人员的整体工作效率及服务质量。目前,客服部需要从现有的人员中挖掘出几名业务能力较强的客服人员,为企业店铺的系列产品,包括绿茶系列(西湖龙井、安吉白茶、碧螺春等)、经典茗茶(黄茶、红茶、乌龙茶、白茶、黑茶)、花草茶(单方花草茶、组方花草茶、花果果粒)、礼盒类、袋泡系列(四角袋泡、三角袋泡)、茶食品(零食、冲饮)、创意茶具、办公茶具、工夫茶茶具、进口茶具,培养专门的客服人员,从而为客户提供"一对一交流,定制其喜欢、心仪的茶饮组合"的优质服务。

学习目标

知识目标

1. 了解在线商城常用客服工具,熟悉各种工具的操作界面及基本功能;
2. 了解千牛工作台、阿里店小蜜、拼多多商家工作台的常用功能。

能力目标

1. 能够整理出一份在线商城客服常用工具的对比分析清单;
2. 能够使用常用客服工具完成在线客户的接待、咨询服务设置;

素养目标

树立创新思维,能够将最新的科学技术运用到客户服务中。

网店客户服务

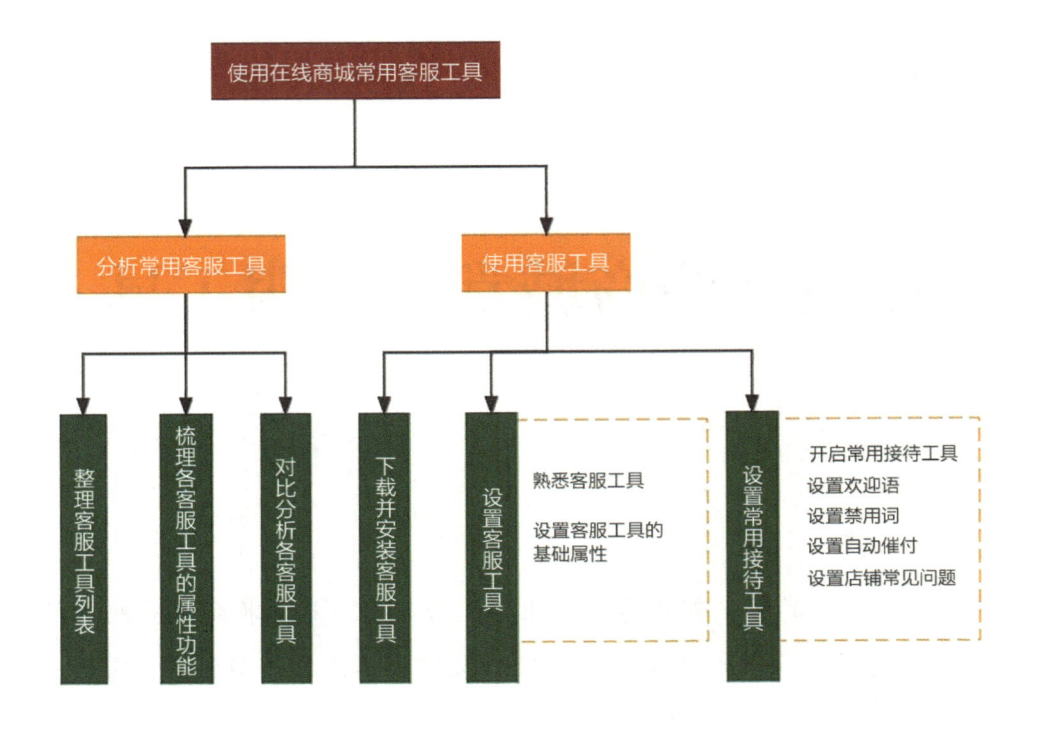

任务预览

```
使用在线商城常用客服工具
├── 分析常用客服工具
│   ├── 整理客服工具列表
│   ├── 梳理各客服工具的属性功能
│   └── 对比分析各客服工具
└── 使用客服工具
    ├── 下载并安装客服工具
    ├── 设置客服工具
    │   ├── 熟悉客服工具
    │   └── 设置客服工具的基础属性
    └── 设置常用接待工具
        ├── 开启常用接待工具
        ├── 设置欢迎语
        ├── 设置禁用词
        ├── 设置自动催付
        └── 设置店铺常见问题
```

任务一　分析常用客服工具

任务描述

客服工作是一项繁杂的工作，更是提升电商团队服务质量的一个重要组成部分，很多企业将快速响应、高效处理作为客服工作绩效考核的一个重要指标。杭州某茶业有限公司一直致力于提升客户体验，要求每一位入职的客服人员都要熟悉多个在线客服工具，能够一人承担多平台的维护工作。小李申请成为该公司"西湖龙井茶"系列产品的专门客服人员，将负责公司三大主流电商平台（淘宝、拼多多、抖音小店）上关于"西湖龙井茶"系列产品的服务工作。在她上岗前，客服部经理要对其业务能力进行综合评估。小李应该如何做，才能快速得到经理的认可，将"西湖龙井茶"系列产品的服务工作做好呢？

通过对本任务的学习，请同学们基于小李的任务情境，帮助她对比分析出常用的客服工具，选出适合的客服工具。

任务目标

1. 认识常用的客服工具;
2. 对比分析常用的客服工具;
3. 培养自主学习、探究的能力。

任务准备

1. 准备好电脑和稳定的网络信号;
2. 安装不同的客服工具,并提供各个工具的账号信息。

任务实施

子任务1 整理客服工具列表

企业为了提升客服人员的工作效率,会借助一些常用的客服工具。比如,某淘宝店铺会借助千牛工作台或者阿里店小蜜来开展客户接待工作,提高客户咨询的响应率,提升客户咨询体验。

小李现在要借助网络的搜索功能,结合自己以往的工作经验,用关键词"电商客服工具"搜索出目前市场上常用的在线商城客服工具,从工具适用性、工具上手度、工具普及率、工具使用评价等维度对搜索结果进行筛选,得到一个客服工具搜索结果整理表(见表5-1)。

表 5-1 客服工具搜索结果整理表

序号	工具	选择理由
例	千牛工作台	千牛工作台是淘宝客服人员必备的工具,可实现客户接待、店铺管理等功能;淘宝卖家、天猫商家均可使用;方便客服人员与客户沟通,还能够快速地收集客户的反馈情况
1		
2		
3		
4		

子任务2 梳理各客服工具的属性功能

不同客服工具基于其使用场景,为了满足不同使用群体的需求,在属性功能方面有所差别。比如,阿里店小蜜侧重于智能客服机器人服务,千牛工作台侧重于客户的接待工作。

小李在对搜索结果进行筛选后,整理出一些常用的客服工具。如果要判断哪一款工具适合企业当前使用,小李还需要深入了解各个客服工具的属性功能。小李可以通过查看官网介绍、体验客服工具,深入了解各个客服工具的属性功能(见表5-2)。

表5-2 各个客服工具的属性功能整理表

序号	工具	属性功能
例	千牛工作台	包含卖家工作台、消息中心、阿里旺旺、订单管理、商品管理、接待工具等主要功能
1		
2		
3		
4		

子任务3 对比分析各客服工具

要判断一款客服工具是否适合当前企业使用,需要综合考虑多种因素,一般可以从适用电商平台、工具使用难易度、工具使用成本、客服业务满足度等维度进行分析研判。

小李基于前两个子任务的结果,从适用电商平台、工具使用难易度、工具使用成本、客服业务满足度四个维度,对各客服工具进行对比分析,分析结果如表5-3所示。

表5-3 各客服工具的对比分析结果

客服工具	分析维度			
	适用电商平台	工具使用难易度	工具使用成本	客服业务满足度
千牛工作台	淘宝	容易上手	免费	满意
京东咚咚商家版				
拼多多客户服务助手				
苏宁云信客服客户端				

头脑风暴

请同学们基于三个子任务的结果，结合小李所在公司的实际业务，通过研讨分析，帮助小李选择一款客服工具，并阐述清楚选择该客服工具的理由。

选择的客服工具：_____

选择理由：_____

_____

_____

_____

_____

_____

任务拓展

请同学们结合任务描述及任务实施的内容，针对拼多多、抖音小店、微店等 App 端商城，对比分析商家常用的客服工具，主要任务如下：

1．整理市场上常用的 App 端商城客服工具的清单；

2．梳理各个 App 端商城客服工具的属性功能；

3．对比分析各个 App 端商城的客服工具，最后选择一款适用于刚经营一个月的拼多多店铺的客服工具，并阐述选择该工具的理由。

任务工单 5-1

任务工单 5-1 如图 5-1 所示。

项目名称：		任务名称：	
学号：		姓名：	
任务描述			
王婷是某高职院校的毕业生，近期入职了一家经营女装的电商企业。该企业的女装以简约、大方为特色，右图所示为该企业的一款女装。由于店铺的女装销量不断上升，店铺对客服人员的需求量也有所增加，目前招聘了几个客服人员。王婷作为其中的一员，通过了团队的考核，已转正。接下来她需要认识并了解常用的在线商城客服工具，之后选择合适的客服工具来开展工作。			

图 5-1　任务工单 5-1

任务实施

任务一：整理客服工具列表

通过网络搜索目前市场上常用的在线商城客服工具，并从工具的适用性、普及率、评价等方面进行筛选，将筛选的结果填写在下表中。

序号	工具名称	筛选的结果

任务二：梳理各客服工具的属性功能

对于所筛选出的客服工具，进入其官网，了解其特点，进行体验/试用，并对不同客服工具的属性功能进行分析，将分析的结果填写在下表中。

工具名称	特点	属性功能分析结果

任务三：对比分析各客服工具

从适用电商平台、工具使用难易度、工具使用成本、客服业务满足度四个维度，对各客服工具进行对比分析，将分析的结果填写在下表中。

客服工具	分析维度				
	适用电商平台	工具使用难易度	工具使用成本	客服业务满足度

教师点评

图 5-1　任务工单 5-1（续）

任务评价

基于学生在本任务中学习、探究、训练时的课堂表现及完成结果，参照表 5-4 所示的考核内容及要求对学生进行评价，每条考核内容及要求的分值为 10 分，学生总得分=30%×学生自评得分+30%×教师评价得分+40%×企业评价得分。

表 5-4　学生考核表（十四）

类别	考核项目	考核内容及要求	学生自评得分（30%）	教师评价得分（30%）	企业评价得分（40%）
技术考核	质量	能够独立整理出在线商城客服工具列表			
		能够复述常用在线商城客服工具的名称，正确率在90%以上			
		能够复述各个客服工具的特点及属性功能，正确率在90%以上			
		能够从不同的维度合理地对比分析各个客服工具			
		能够阐述各个客服工具的对比分析结果，正确率在90%以上			
		能够结合企业的实际情况，选择合适的客服工具			
非技术考核	态度	学习态度认真、细致、严谨，讨论积极，发言踊跃			
	纪律	遵守纪律，无无故缺勤、迟到、早退行为			
	协作	小组成员间合作紧密，能够互帮互助			
	文明	合规操作，不违背平台规则、要求			
总计					

存在的问题	解决问题的方法

任务二 使用客服工具

任务描述

认识客服工具是在线商城客服人员的必备技能，使用客服工具的熟练程度将大大影响其工作效率。小李在之前的学习中，已经熟悉了各种客服工具，接下来她需要向经理展示出其出色的工具使用技巧。

通过对本任务的学习，请同学们基于小李的任务情境，帮助她完成客服工具的下载、安装，以及常用功能的设置。

任务目标

1. 下载并安装客服工具；
2. 设置客服工具的功能；
3. 使用客服工具处理常见咨询问题；
4. 设置常用接待工具；
5. 培养创新思维，能够将新技术应用在客服工作中。

任务准备

1. 准备一台电脑，并确保网络正常且稳定；
2. 提供店铺的商品详情；
3. 准备欢迎语、禁用词，以及自动催付、常见问题等的回复话术。

任务实施

子任务1 下载并安装客服工具

头脑风暴

请同学们通过网络搜索如何下载并安装客服工具。

小李基于自己的工作经验及知识储备，通过以下几个步骤，完成了客服工具的下载和安装。

步骤1：通过网络搜索客服工具的关键词，如工具名、开发商名称、某工具下载安装等，在搜索结果页中寻找所搜工具的官方下载网址，进入其官网。

步骤2：在该客服工具的官网中，选择下载PC端软件的页面，根据电脑配置选择适合的软件版本，按照平台提示完成下载；

步骤3：在下载完成后，进入指定的下载位置，单击已经下载到桌面的安装包，按照系统提示一步步进行软件安装；

步骤4：在安装完成后，在桌面指定位置找到该客服工具的快捷图标，单击进入登录页面；

步骤5：在登录页面输入账号、密码，进入工具首页，根据自己的需求做一些功能设置，如常用应用添加、工作界面风格等。

课堂小练

请同学们结合上述任务实施的具体内容，下载并安装 PC 端拼多多客服工具，梳理出下载并安装拼多多客服工具的主要步骤，并将下载安装流程绘制在下方空白处。

子任务2 设置客服工具

活动1：熟悉客服工具

头脑风暴

请同学们通过网络搜索整理并思考一下，目前都有哪些客服工具。以其中一种客服工具为例，若想要了解该客服工具的具体功能，应通过什么方式？

_____
_____
_____
_____
_____

小李进入安装好的客服工具的工作界面，开始熟悉各个工作界面的菜单及子菜单，并详细了解各个菜单下的功能。

比如千牛工作台，在工作界面右上角有一个旺旺的头像图标和系统消息图标（包括接待中心、消息中心、工作台和搜索），单击接待中心的图标，弹出旺旺聊天界面。卖家可以在这个界面和客户沟通，也可以通过单击左侧导航按钮，直接进入卖家店铺、我的应用、千牛工作台、消息中心等。

再如阿里店小蜜，阿里店小蜜是阿里巴巴针对电商业务推出的智能客服机器人。阿里店小蜜在原淘宝店小蜜的基础上进行了全面升级，紧密结合天猫、淘宝、飞猪及1688商家的诉求，帮助商家实现全天候、高质量的智能接待。进入阿里店小蜜的工作界面，单击问答管理模块，可以看到该模块中有常见问题配置、关键字回复、直播知识库、智能尺码表及活动问题专区等功能。

课堂小练

小李通过网络搜索的方式学习了阿里店小蜜的相关内容，了解了阿里店小蜜的作用、开通方法和常见功能。请同学们按照以下步骤帮助小李梳理出阿里店小蜜的相关内容。

步骤 1：开通阿里店小蜜

登录千牛工作台，进入"机器人"工具开通页面，或通过网络查找资料，梳理开通阿里店小蜜的主要操作步骤，并将开通流程绘制在下方空白处。

步骤 2：整理阿里店小蜜的主要功能

登录阿里店小蜜，查看并体验各个功能的使用，整理阿里店小蜜的主要功能及其作用，完成表 5-5 的填写。

表 5-5　阿里店小蜜的主要功能及其作用介绍

主要功能		作用
商品知识	1. 商品知识库 2. 商品属性表 3. 商品对比 4. 智能图片回答	比如，商品属性表可用于维护店铺商品的属性，其内容主要来源于商品详情页，可在配置商品问答类问题时采用（添加变量），可大大减少店铺的维护成本，提升商品属性的准确性
店铺诊断		
数据统计		
跟单助手		
营销增收		
店铺管理		

活动 2：设置客服工具的基础属性

头脑风暴

请同学们思考一下客服工具的基础属性有哪些，以及如何设置这些基础属性。

_____
_____
_____
_____

进入已经下载好的客服工具的工作界面，单击"系统设置"按钮，设置该客服工具的一些基础属性，如登录设置、界面设置、任务栏设置、快捷键设置、下载设置等。除此之外，还需要完成"接待设置"的操作，如状态、会话窗口、显示字体、星标、声音、个性签名等。

如果单击"皮肤"按钮，还可以一键设置该客服工具工作界面的配色。

课堂小练

小李已经下载并安装了拼多多客服工具，并熟悉了其基本功能，接下来她准备进入其工作界面，进行基础属性的设置。请同学们帮助小李完成拼多多客服工具基础属性的设置，并将具体的操作步骤及操作过程填写在表 5-6 中。

表 5-6　拼多多客服工具基础属性设置的操作步骤及操作过程

操作步骤	操作过程
步骤 1	
步骤 2	
步骤 3	
步骤 4	
……	

子任务 3 设置常用接待工具

活动 1：开启常用接待工具

💡 **头脑风暴**

客服工具中的所有接待工具是不是可以立即使用？在使用接待工具前客服人员需要先做哪些工作？

_____
_____
_____
_____

小李根据自己的实际工作经验，发现在线商城客服工具会提供很多插件，这些插件可以帮助客服人员完成一些小任务，从而提高工作效率。比如，千牛工作台提供的"ERP配置"，可以帮助商家管理绑定的客户，方便客服人员快速处理修改地址、拦截发货等客户问题；提供的"禁用词"插件，可以帮助客服人员规范聊天内容，阻止客服人员发送不规范内容。小李在实际应用过程中，主要通过以下几个步骤开启常用接待工具。

步骤 1：进入客服工具的接待工具/客服工具页面，筛选能够帮助自己提高工作效率的小插件；

步骤 2：根据平台的操作提示，完成接待工具/客服工具的相关设置，一键开启相关工具。

活动 2：设置欢迎语

💡 **头脑风暴**

请同学们想一想，客服人员在接待工具中设置欢迎语的目的是什么，以及在设置欢迎语时，需要考虑哪些因素和需要注意什么。

步骤1：进入客服工具的接待工具/客服工具页面。

步骤2：找到消息设置/欢迎语设置功能，进入欢迎语设置页面。

步骤3：结合用语规范、平台规则，以及企业形象和产品信息，设置欢迎语。

步骤4：可以添加商品的欢迎语，启用商品自动回复，选择商品信息，并结合商品的特征、参数，设置回复话术。

步骤5：在无人接待或者客服人员离线时，可以设置自动回复的欢迎语。

活动3：设置禁用词

头脑风暴

请同学们通过网络搜索并思考，禁用词通常包含哪些内容，以及客服人员在设置禁用词时需要结合哪些储备知识。

小李根据之前所学的在线商城客服人员的用语规范和平台规则，并结合自己的工作经验，列出了禁用词清单（见表5-7），并按照以下步骤完成了禁用词的设置。

表 5-7 禁用词清单

序号	禁用词种类	具体内容
例		国家认证、全国第一等
1		
2		

步骤 1：进入客服工具的接待工具/客服工具页面，单击禁用词设置，进入禁用词设置页面。

步骤 2：根据所梳理出的禁用词清单，添加相应的禁用词，设置完成后保存即可。

活动 4：设置自动催付

头脑风暴

请同学们通过网络搜索并思考，店铺设置自动催付的目的是什么，以及应如何设置催付话术。

_____
_____
_____
_____

小李根据之前所学的在线商城客服人员的用语规范和平台规则，结合自己的工作经验和催付商品的特征，总结了几条催付话术，并按照下列步骤完成了自动催付的设置。

步骤 1：选择"自动催付"功能，进入催付设置页面。

步骤 2：确定催付方案、催付权益、催付时间，选择催付商品。

步骤 3：结合所选择的催付商品，根据总结的催付话术，设置相应的内容，设置完成后保存即可。

活动 5：设置店铺常见问题

头脑风暴

请同学们通过网络搜索并思考，店铺常见问题通常有哪些类型，以及客服人员在设置店铺常见问题时有哪些技巧、需要注意什么，将思考结果填入表 5-8 中。

表 5-8　店铺常见问题的类型、设置技巧，以及设置时的注意事项

序号	店铺常见问题的类型	设置技巧	设置时的注意事项
例	商品问题	结合店铺的商品咨询情况设置客户常问的问题，并给出问题的回复	问题的设置要结合店铺商品的实际情况，不可脱离事实，弄虚作假
1			
2			
3			
4			
5			

小李已经熟悉了店铺常见问题的具体内容，主要包括聊天互动问题、商品问题、活动问题、物流问题、购买操作问题等场景，她结合自己的工作经验，并依据在线商城客服用语规范、平台规则、常见活动的规则，完成了店铺常见问题的设置，并整理出了主要的操作步骤。

步骤1：选择"机器人"工具，单击店铺常见问题/通用回复功能，进入问题/回复内容的设置页面。

步骤2：选择不同的场景，如聊天互动问题、商品问题、活动问题、物流问题、购买操作问题等，结合买家的问题设置回复内容，回复内容可以是纯文字的，也可以添加图片或视频。

步骤3：添加问题或问法，并设置相应的回复内容。

课堂小练

小李通过对千牛工作台工作界面的操作，已熟悉了其工作界面的主要内容和具体的操作过程，现在她要着手进行常用接待工具的设置了。根据小李所在企业的产品情况和店铺的服务理念，请同学们登录千牛工作台，进入"接待工具"页面，帮助小李完成店铺常用接待工具的设置，并按照下列步骤完成主要设置内容的填写。

步骤1：开启常用接待工具

千牛工作台提供很多小插件，如欢迎语、ERP 配置、禁用词、智能客服插件、"机器人"工具等。这些插件可以帮助客服人员提高工作效率，为客户提供更加优质的服务体验。同学

们需要结合小李所在店铺的需求进行选择。选择的插件类型及插件名称如表 5-9 所示。

表 5-9 选择的插件类型及插件名称

序号	选择的插件类型	插件名称
例	智能客服插件	阿里店小蜜
1		
2		
3		

步骤 2：设置欢迎语

欢迎语的设置有两种方案：一种是基础方案，另一种是应用阿里店小蜜。同学们可以根据小李所在店铺的需求，选择合适的方案，并根据所选方案的要求设置欢迎语。选择的欢迎语设置方案及设置的欢迎语如表 5-10 所示。

表 5-10 选择的欢迎语设置方案及设置的欢迎语

欢迎语设置方案	设置的欢迎语

步骤 3：设置禁用词

通过设置禁用词可以规范店铺客服人员的接待话术，如果客服人员回复的内容中包含设置的禁用词，那么整个话术将被禁止。请同学们根据小李所在店铺的实际情况，帮助小李整理出禁用词设置步骤及禁用词举例，填入表 5-11 中。

表 5-11 禁用词设置步骤及禁用词举例

禁用词设置步骤	禁用词举例

步骤 4：设置自动催付

在客户拍下商品却未付款时，对静默客户和进行咨询的客户可以进行自动催付。请同学们结合小李所在店铺的需求，帮助小李完成发送、催付方案、催付时间、催付时间段及催付话术的设置，如表 5-12 所示。

表 5-12　发送、催付方案、催付时间、催付时间段及催付话术的设置

项目	具体的设置内容
发送	
催付方案	
催付时间	
催付时间段	
催付话术	

步骤 5：设置店铺常见问题

千牛工作台的"机器人"工具包含多个模块，其中问答管理模块包含常见问题设置、关键字回复、直播知识库等。常见问题设置包含全部知识、聊天互动、商品问题、活动优惠、购买操作、物流问题、售后问题及更多问题等场景。同学们可以根据小李所在店铺的需求，进行相应问题的设置，将设置的内容填入表 5-13 中。

表 5-13　千牛工作台常见问题的设置

常见问题	具体内容		
	关联问题	增加问法	增加答案

任务拓展

请同学们结合任务描述及任务实施的内容，登录千牛工作台实战账户，完成接待工具中"快捷短语"和"自动催拍"的设置，整个过程需要符合以下要求：

1．能够流畅地进入"快捷短语"和"自动催拍"页面；

2．根据平台服务用语规范及平台规则，完成快捷短语的添加；

3．自主完成自动催拍的设置、催拍失败人工跟进的选择等；

4．能够结合店铺情况，合理地设置基础催拍内容，基础催拍内容包含指定商品话术、智能话术、通用话术等。

任务工单 5-2

任务工单 5-2 如图 5-2 所示。

项目名称：		任务名称：
学号：		姓名：

任务描述
王婷是某高职院校的毕业生，近期入职了一家经营女装的电商企业。该企业的女装以简约、大方为特色，右图所示为该企业的一款女装。由于店铺的女装销量不断上升，店铺对客服人员的需求量也有所增加，目前招聘了几个客服人员。王婷作为其中的一员，通过了团队的考核，已转正。目前她已经认识了常见的在线商城客服工具，并对各大客服工具进行了对比分析。由于她主要负责店铺在拼多多的客服工作，因此她选择了拼多多客服工具，并完成了该客服工具的下载安装及其常用接待工具的设置。

任务实施

任务一：下载并安装客服工具

通过网络搜索的方式，在搜索框中输入关键词"拼多多"，进入拼多多官网，完成拼多多客服工具 PC 端的下载及安装，并梳理出安装的具体步骤，填写在下表中。

步骤	步骤的具体描述
步骤 1	
步骤 2	
步骤 3	
……	

任务二：设置客服工具

登录拼多多官网，进入客服工具页面，结合网络搜索的资料，学习并熟悉客服工具的主要功能，整理出拼多多客服工具页面的主要板块及其功能和作用，填入下表，完成基础属性的设置。

板块名称	功能和作用

任务三：设置常用接待工具

进入客服板块中的"客服工具"及"客服机器人"，结合本任务所学内容或通过网络搜索的方式，完成店铺常用接待工具的设置，并将主要的操作步骤填写在下表中。

工具名称	设置的操作步骤
	步骤 1：
	步骤 2：
	步骤 3：

教师点评

图 5-2　任务工单 5-2

任务评价

基于学生在本任务中学习、探究、训练时的课堂表现及完成结果,参照表 5-14 所示的考核内容及要求对学生进行评价,每条考核内容及要求的分值为 10 分,学生总得分=30%×学生自评得分+30%×教师评价得分+40%×企业评价得分。

表 5-14 学生考核表（十五）

类别	考核项目	考核内容及要求	学生自评得分（30%）	教师评价得分（30%）	企业评价得分（40%）
技术考核	质量	能够复述出常用的在线商城客服工具及其特点和属性功能,正确率在 90%以上			
		能够对比分析各在线商城客服工具的特点及不同之处			
		能够独立完成在线商城客服工具的下载、安装			
		能够复述出在线商城客服工具的功能及其作用,正确率在 90%以上			
		能够完成在线商城客服工具的设置			
		能够结合店铺的实际需求,完成相关接待工具的设置			
非技术考核	态度	学习态度认真、细致、严谨,讨论积极,发言踊跃			
	纪律	遵守纪律,无无故缺勤、迟到、早退行为			
	协作	小组成员间合作紧密,能够互帮互助			
	文明	合规操作,不违背平台规则、要求			
总计					

存在的问题	解决问题的方法

企业课堂

是什么让千牛发展得如此迅速

早在2007年，阿里巴巴就曾描绘多年后电子商务的蓝图：从"Meet at Alibaba"向"Work at Alibaba"转变。这一转变意味着阿里巴巴将不仅着眼于买卖双方的商品交易行为，还会引入更多的服务提供商，实现生态体系的建立，并逐步帮助中小企业在阿里巴巴平台上实现管理职能。千牛的上线在一定程度上正是"Work at Alibaba"理念的落地。

在PC时代，淘宝引入了丰富多彩的卖家服务，但这种分散的服务使得卖家的效率提升越来越受到限制。随着云计算、数据共享和加工的价格持续降低，更多的数据被存储到类似聚石塔这样的云端，并衍生出"大平台、小前端"的概念。移动端设备成为这些"小前端"不可或缺的部分。2012年10月，千牛决定以平台的身份进入移动端，除了淘宝旺旺和量子数据这类官方业务，其他插件都对外开放，由ISV和千牛项目组一起开发。

背靠聚石塔，千牛的开发拥有了得天独厚的优势——聚石塔是云，千牛是端，千牛上所有应用的数据都取自聚石塔。倘若把聚石塔想象成巨大的数据库，所有的应用都是ISV做的前端界面展示，那么具体的数据就是千牛和聚石塔的沟通数据，服务提供商的数据会被放在聚石塔中，具体的呈现及操作入口在千牛上。通过软件交互，确保数据的安全。

利用平台开放的优势，千牛拥有各种各样的服务提供商，其通过插件的形式将所有功能集成在一起，可以随心所欲地在一个App中完成所有的操作。

项目六

处理售前、售中、售后的客服工作

项目情景

杭州某茶叶有限公司的客服部通过优化调整,重新布局了部门的组织结构,培养了一批专门客服人员,形成了为客户提供"一对一交流,定制其喜欢、心仪的茶饮组合"的专业服务团队。经过综合评估,这些专门客服人员的技能水平已经达标,现在需要着手处理售前、售中、售后的客服工作。他们不仅需要运用自己的客服工作技巧来解决各类售前、售中、售后的客服问题,还需要不断地维护新老客户关系。最终客服部经理将根据实际的工作结果及业务能力,对他们进行客服绩效考评,并给出点评结果、提出改进方法,进一步优化其业务能力,打造一支具有专业知识、沟通能力及良好销售技巧的优秀客服团队,从而为企业店铺带来更高的转化率及销售额。

学习目标

知识目标

1. 了解售前、售中客服人员应对议价、处理疑义、商品推荐及订单跟踪的工作技巧;
2. 熟悉售后客服人员处理纠纷、退换货及维护评价的工作技巧;
3. 掌握维护客户关系的方法;
4. 认识客服绩效数据指标。

能力目标

1. 能够合理使用售前、售中、售后客服的工作技巧解决客户的各类问题;

2. 能够独立完成客户信息的分析及客户标签的设置；
3. 能够管理客户忠诚度，并维护客户资源；
4. 能够分析客服绩效数据，并根据分析结果找出问题及解决方法。

素养目标

1. 具备良好的沟通能力，能够在客服工作中合理地处理客户所提出的问题；
2. 具备基本的职业素养，能够对本职工作保持热爱之心，尊重每一份工作成果。

任务预览

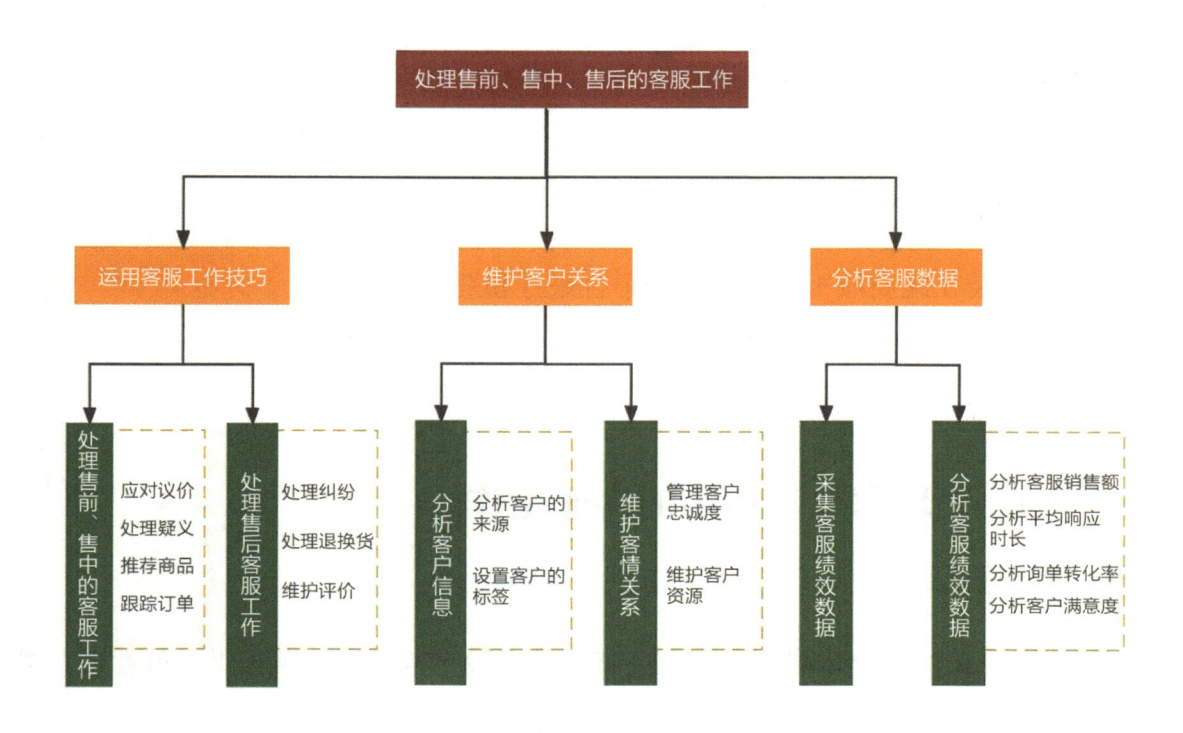

```
                处理售前、售中、售后的客服工作
        ┌─────────────────┼─────────────────┐
   运用客服工作技巧      维护客户关系        分析客服数据
    ┌────┴────┐       ┌────┴────┐       ┌────┴────┐
 处理售前、  处理售后   分析客户  维护客   采集客服  分析客服
 售中的客服  客服工作   信息     情关系   绩效数据  绩效数据
 工作
 应对议价   处理纠纷   分析客户  管理客户           分析客服销售额
 处理疑义   处理退换货 的来源    忠诚度             分析平均响应时长
 推荐商品   维护评价   设置客户  维护客户           分析询单转化率
 跟踪订单             的标签    资源               分析客户满意度
```

任务一　运用客服工作技巧

任务描述

售前客服人员在工作中经常会遇到很多咨询问题。因为大多数客户在购买产品前，都会向售前客服人员进行咨询。这时售前客服人员如果不懂得如何与客户沟通，就会导致客户流失、店铺订单减少。售后客服人员可以解决销售所产生的纠纷，有力地降低客户的投诉率和店铺的纠纷率，从而提高客户的满意度。因此，售后客服人员在网店交易过程中也非常重要。小李作为杭州某茶业有限公司"西湖龙井茶"系列产品的专门客服人员，已经

通过客服部经理的综合评估，现在就要着手处理售前、售中、售后的客服工作了。那么，小李需要掌握哪些工作技巧才能够避免客户流失，并为客户提供优质的服务体验，从而提升客户的满意度、转化率和复购率呢？

通过对本任务的学习，请同学们基于小李的任务情境，帮助她梳理出售前、售中、售后客服工作的技巧，并运用这些客服工作技巧处理客户的各类问题。

任务目标

1. 处理应对议价、处理疑义、推荐商品、跟踪订单等售前、售中客服工作；
2. 根据售后客服工作技巧，处理纠纷、退换货并维护评价；
3. 使用合适的沟通技巧，处理客户的实际问题；
4. 具备良好的沟通能力，能够在客服工作中使用不同的沟通技巧，激发客户的购买欲。

任务准备

1. 下载并安装在线商城平台，准备好平台账号和登录密码；
2. 整理好客服人员遇到的各类售前、售中、售后问题及其解决方法。

任务实施

子任务1　处理售前、售中的客服工作

活动1：应对议价

在有些买家看来，议价是网购必备的环节，是一种日常行为；在客服人员看来，遇到议价的买家是不可避免的，如何处理议价问题就显得十分重要。

小李根据自己在工作中常遇到的议价问题，并结合自己的工作经验，认为可以从客户议价的原因出发处理议价问题。小李根据客户议价的原因，分析其心理需求，然后结合店铺产品的特点，选择适当的话术。小李总结出了自己应对议价的一些工作技巧，如表6-1所示。

表6-1　应对议价的工作技巧

序号	客户议价的原因	应对议价的工作技巧
例	认为商品的价格与价值不符	客服人员可以用品牌、质量、服务、售后等来说服买家，让他们觉得除了商品本身的品质好，商品的附加价值也很高，购买商品可以享受商品以外的很多服务，从而让买家觉得商品的价格与价值相符
1		
2		

经验之谈

从众多客户议价的原因来看，其大致可以分成以下五种类型。

1. 习惯性议价：进行这种议价的客户把议价当作一种习惯，即便购买几元钱的商品，也会进行议价。

2. 认为商品的价格与价值不符：认为商品的价格与价值不符的客户在进行咨询时一般都会强调"性价比"。

3. 回购涨价：指的是客户上次购买商品时的价格低于该商品的当前价格。

4. 同款比价：这是大部分客户都会选择的一种比价行为。

5. 经济能力有限：对于经济能力一般的客户，一些高端品牌的商品往往不便宜，但其品牌定位、品牌价值、附加服务等又让他们想要尝试。

课堂小练

小李接待了一位客户，其认为商品的价格太高了，询问能否便宜一点，小李该如何回复，来应对客户议价呢？请同学们以小李的身份完成下列话术的填写。

客户：这款龙井茶有优惠吗？

小李：_____

客户：上次买的时候这款龙井茶的价格也是折扣价，但是比这个价格要便宜呀。

小李：_____

客户：不然你把后面的9元零头抹掉吧，就200元怎么样？

小李：_____

客户：少点儿吧，我本来就是老客户，优惠点很正常啊，而且我还会推荐朋友们过来买，这样算起来你们也不会亏呀。

小李：_____

客户：算了，现在家里也没茶叶了，就拍了吧，记得把赠品一起寄过来哦。

小李：_____

活动2：处理疑义

在客服人员与客户沟通之后，客户多少会对商品产生一些疑义。如果售前客服人员不能够将疑义处理得让客户满意,就很难达成交易,所以售前客服人员一定要学会处理疑义。

小李通过网络搜索"客户疑义",根据自己在日常工作中所遇到的客户疑义问题,并结合自己的工作经验,认为在处理疑义时要善于抓住客户疑义的本质和关键,可以从客户产生疑义的原因、客服人员的处理态度入手,并结合客户的购买需求、心理需求来处理。基于以上几点,小李将自己平时处理疑义的工作技巧总结了一下(见表6-2),以便日后在工作中不断地学习。

表6-2 处理疑义的工作技巧

序号	客户产生疑义的原因	客服人员的处理态度	处理疑义的工作技巧
例	对价格不满	1. 热情礼貌; 2. 不进行争辩; 3. 了解清楚对方的意见,进行有效的确认	在价格最低的情况下,坚持商品应有的价格,可以采取赠送小礼品、发放优惠券、成为店铺VIP等方式,弥补客户内心的失落
1			
2			
3			
4			

课堂小练

小李收到一条客户对产品质量存在疑义的留言,该如何处理?请同学们以小李的身份完成下列话术的填写。

客户: 你们家的龙井茶是真的吗?

小李: _____

客户: 我看这龙井茶的色泽和其他家都不一样,不会是假的吧?

小李: _____

客户: 万一我买回来假的龙井茶,怎么办?

小李: _____

客户: 哦哦,那有什么赠品吗?

小李: _____

客户: 好吧,没有就算了,就先拍一罐茶叶吧。

小李: _____

活动3：推荐商品

推荐商品可以帮助客户快速锁定所需商品，提高服务效率，促进成交。

小李通过分析网络上售前客服人员推荐商品的优秀案例，并基于自己的工作经验及日常所遇到的咨询问题，总结出在推荐商品过程中，售前客服人员需要具备了解客户需求、收集客户潜在需求及关联销售三个方面的工作技巧，才可以顺利地完成商品的推荐。小李将自己平时推荐商品的具体工作技巧总结了出来（见表6-3），以便后续不断地提升自己的工作技能。

表6-3 推荐商品的具体工作技巧

序号	项目	具体工作技巧
例	了解客户需求	可以结合商品的定位，从生理需求、社交需求、尊重需求和自我需求中判断客户的需求属于哪一种，然后针对不同的需求推荐商品
1	收集客户潜在需求	
2	关联销售	

课堂小练

有客户想让小李推荐一款茶叶，小李该如何向这位客户推荐商品呢？请同学们以小李的身份完成下列话术的填写。

客户：你好，能给我推荐一款茶叶吗？

小李：_____

客户：我平时不太喝茶，偶尔喝茶，比较喜欢口味淡一点、偏甜一点的茶。

小李：_____

客户：哦哦，刚好现在天气还有点冷，喝红茶暖暖胃也不错。

小李：_____（这里是关联销售的话术，推荐店内的一种绿茶）

客户：这样啊，那你也把这款绿茶一并发过来，等天热了就可以喝了。

小李：好的，亲，谢谢您的信任。请问您还有什么需要帮助的吗？

客户：没了，就先买这两款茶吧！

活动4：跟踪订单

跟踪订单是为了让买家对自己购买的商品心中有数，不会在等待商品的过程中焦虑不安。客服人员跟踪订单主要包括在发货时处理各种订单问题、查询物流进度，以及应对买家催单、催货等。

小李通过搜集网络上客服人员跟踪订单的优秀案例，分析客服人员如何应对不同场景下的订单跟踪问题，并结合自己的工作经验，总结出客服人员应对不同订单跟踪问题的工作技巧，如表6-4所示。

表6-4 应对不同订单跟踪问题的工作技巧

序号	订单跟踪问题	工作技巧
1	发货时订单问题	
2	订单物流查询	
3	买家催单、催货	

课堂小练

当客户向小李咨询订单发货、物流进度等问题时，小李应该如何回答？请同学们以小李的身份完成下列话术的填写。

客户：亲，我昨天下单的商品，发货了吗？我的手机显示物流状态为正在发货。

小李：_____

客户：现在到底是什么进度呀？是发货了还是没发呢？

小李：_____

客户：如果还没发货，能帮我修改一下订单信息吗？

小李：_____

客户：订单的电话和联系人填错了，给我改一下。

小李：_____

客户：联系人为××，电话为×××××××××××。

小李：_____

客户：对，现在没问题了，今天可以发货了吗？

小李：_____

客户：好的，尽快。

子任务 2　处理售后客服工作

活动 1：处理纠纷

纠纷是指买卖双方就具体的事物产生了误会，导致双方协商无果的情况。当网店出现纠纷时，客服人员首先需要确认纠纷产生的原因，进而根据具体原因与客户协商解决方法。客服人员在处理纠纷时，需要熟悉平台的售后规则，还需要运用沟通技巧去化解网店的危机。

小李通过搜集网络上有关纠纷处理的优秀案例，分析常见的网店纠纷产生的原因，并结合自己的工作经验，梳理出客服人员针对不同纠纷产生的原因而采取的工作技巧，如表 6-5 所示。

表 6-5　处理纠纷的工作技巧

序号	纠纷产生的原因	处理纠纷的工作技巧
1	商品质量引起的纠纷	首先要安抚客户的情绪，创造一个和谐的对话环境；然后对客户所描述的情况进行分析，弄清责任并给出相应的解释，请求客户的理解；最后向客户提出解决方案，努力与客户达成共识
2		
3		
4		

课堂小练

小李收到了一位客户想要投诉的信息，客户认为他买到的茶叶有问题，小李应如何处理这样的纠纷呢？请同学们以小李的身份完成下列话术的填写。

客户：我在你家买的茶叶包装都破了，收到这样的商品包装，我是不会确认收货的，你必须尽快想办法解决，否则我就要投诉了！

小李：_____

客户：不仅仅是外包装，里面的小包装也有瑕疵，我都怀疑你们商品的质量有问题。

小李：_____

客户：我现在已经拆开包装了，要么你们同意退货退款，要么我就投诉你们，你看着办吧！

小李：_____

客户：我希望你们尽快处理，最好能够退款。

小李：_____

活动 2：处理退换货

处理退换货在网店中十分常见。当买家对商品不满意或商品的尺码不合适时，买家就会申请退换货服务，客服人员应根据实际情况快速做出处理。现在网店基本都有 7 天无理由退换货的服务，客服人员首先需要确认客户购买的商品是否符合 7 天无理由退换货的条件，然后根据退换货原因进行相应的处理。

小李通过搜集网络上有关退换货处理的优秀案例，分析常见的买家退换货的原因，并结合自己的工作经验，梳理出客服人员针对不同退换货原因所采取的工作技巧，如表 6-6 所示。

表 6-6　处理退换货的工作技巧

序号	退换货的原因	处理退换货的工作技巧
例	质量问题	1. 联系客户提供实物照片，确认问题是否属实； 2. 核实送货时商品质量是否合格； 3. 如果确认是商品存在问题或无法说明商品是否合格，可直接与客户协商解决，如退货退款
1		
2		

课堂小练

小李收到某客户要求退货的申请，该如何回复呢？请同学们以小李的身份完成下列话术的填写。

客户：你好，之前在你家买的茶叶，我想退货。

小李：_____

客户：我还没有打开，就是感觉这个茶叶闻着不香，不是我想要的那种味道。

小李：_____

客户：是吗？你说的这款茶叶喝着怎么样？

小李：_____

客户：哦哦，已经买了的这盒茶叶怎么办？

小李：_____

客户：那好，我先看看，在退货的时候我再找你。

小李：_____

活动 3：维护评价

在完成交易后，交易双方要在 15 日内对订单进行互评。评价一般分为好评、中评和差评。不同的评价对应着不同的积分规则：如果买家给出好评，店铺的信誉值就会增加 1 分；如果买家给出差评，店铺的信誉值就会被扣除 1 分。评分对店铺和商品的销量都有非常大的影响。因此在买家评价后，客服人员需要做出相应的回评。对于买家的好评，客服人员可以做出合适又有亲和力的回复；对于买家的中差评，客服人员需要与客户沟通，让客户及时修改评价，从而减少中差评给店铺带来的影响。

经验之谈

中/差评师就是专门给网店的商品中/差评，并以此来敲诈钱财或获取产品补偿的网购一族。

淘宝对恶意评价的受理条件是：对于不合理要求，需要双方举证，证明评价者以中/差评为要挟，利用修改中/差评谋取额外钱财或其他不当利益。

小李通过搜集网络上客服人员维护评价的优秀案例，分析客服人员针对不同的评价内容所采取的维护技巧。她从好评、中/差评两个维度进行分析，并结合自己的工作经验和日常购物时进行评价的体验，总结出客服人员维护评价的工作技巧，如表 6-7 所示。

表 6-7　维护评价的工作技巧

评价内容	维护评价的工作技巧	
好评		
中/差评	中/差评产生的原因	解决的方法
	商品的问题	举例：客服人员要联系买家核实商品的具体问题，根据问题的严重程度及买家的意向，给买家退换货或者进行退款补偿

课堂小练

小李在查看客户评价时，发现一条差评，于是第一时间联系了该客户。请同学们以小李的身份完成下列话术的填写。

小李：亲，您好！在吗？

客户：在呢。

小李：_____

客户：你还好意思问？你们提供的是什么包装呀？我买回来的茶叶，包装都破了。

小李：_____

客户：就这包装，我都怀疑你们的茶叶不是正品。

小李：_____

客户：还有你们能不能选个靠谱的快递，让他们送一下货？我折腾了半天才拿到货。

小李：_____

客户：嗯，你们总得给我一些补偿吧！

小李：_____

客户：好的，这还差不多。

小李：亲，感谢您的理解，下次我们一定包装好，带给您更加优质的服务。

任务拓展

请同学们通过网络搜索的方式，收集4～6个淘宝店铺客服人员进行售前/售中/售后服务的案例，使用不同的沟通技巧，进行话术的实战演练，过程需要符合以下几个要求：

1．运用售前/售中/售后服务的工作技巧；
2．能够合理地解决客户售前的咨询问题、售中的商品问题、售后的退换货问题；
3．话术不可以出现违规内容。

任务工单6-1

任务工单6-1如图6-1所示。

项目名称：		任务名称：
学号：		姓名：
任务描述		
李晓是某电器旗舰店的客服人员，近期有客户进店咨询一款加湿器。首先，这位客户认为这款加湿器的价格有点高，希望给予一定的优惠；接着，这名客户对加湿器的质量提出了疑义；然后，这名客户希望李晓能给自己推荐一款性价比较高的加湿器。在与这位客户的整个售前沟通中，李晓需要应对议价、处理疑义，还需要向客户进行商品推荐。李晓需要采取哪些工作技巧来进行沟通，并达成交易？在交易达成后她还需要采取哪方面的工作技巧？ 在客户购买时店铺承诺有赠品，而客户在收到货时却没收到赠品，所以双方产生了纠纷。在处理纠纷过程中，这位客户要求退货退款，并且要给店铺差评。面对这种情况，李晓应该如何处理？怎么解决退货问题？应采取哪些技巧来维护评价，避免客户给店铺差评呢？		

图6-1　任务工单6-1

任务实施

任务一：应对售前、售中客服工作

一、应对议价

首先，在客户要求给予优惠时，李晓作为客服人员，需要学习和了解应对议价的沟通技巧。请同学们采取网络搜索的方式，帮助李晓整理应对议价的沟通技巧，并将内容填写在下表中。

沟通技巧	沟通技巧的具体内容
技巧1	
技巧2	
……	

二、处理疑义

除了应对议价，在客户对商品质量产生疑义时，李晓还需要了解处理疑义的沟通技巧。请同学们采取网络搜索的方式，帮助李晓整理应对议价的沟通技巧，并将具体内容填写在下表中。

沟通技巧	沟通技巧的具体内容
技巧1	
技巧2	
……	

三、推荐商品

当客户让李晓给自己推荐一款性价比较高的商品时，她需要学习和了解有关商品推荐的沟通技巧。请同学们采取网络搜索的方式，帮助李晓整理出商品推荐的沟通技巧，并将具体内容填写在下表中。

沟通技巧	沟通技巧的具体内容
技巧1	
技巧2	
……	

四、跟踪订单

在交易达成后，就需要跟踪订单了，便于在客户询问时，客服人员能够准确地回答出订单情况。因此李晓还需要学习和了解跟踪订单方面的沟通技巧。请同学们采取网络搜索的方式，帮助李晓整理出跟踪订单的沟通技巧，并将具体内容填写在下表中。

沟通技巧	沟通技巧的具体内容
技巧1	
技巧2	
……	

图 6-1　任务工单 6-1（续）

任务二：处理售后客服工作

一、处理纠纷

面对与客户之间的纠纷，李晓作为客服人员，需要掌握处理纠纷的沟通技巧。请同学们采取网络搜索的方式，帮助李晓整理出处理纠纷的沟通技巧，并将具体内容填写在下表中。

沟通技巧	沟通技巧的具体内容
技巧 1	
技巧 2	
……	

二、处理退换货

面对客户提出的退换货问题，李晓需要掌握处理退换货的沟通技巧。请同学们采取网络搜索的方式，帮助李晓整理出处理退换货的沟通技巧，并将具体内容填写在下表中。

沟通技巧	沟通技巧的具体内容
技巧 1	
技巧 2	
……	

三、维护评价

当客户提出要对店铺进行差评时，李晓需要引导客户，并采取一定的沟通技巧让客户能够给予店铺好评。请同学们采取网络搜索的方式，帮助李晓整理出维护评价的沟通技巧，并将具体内容填写在下表中。

沟通技巧	沟通技巧的具体内容
技巧 1	
技巧 2	
……	

教师点评

图 6-1　任务工单 6-1（续）

任务评价

基于学生在本任务中学习、探究、训练时的课堂表现及完成结果，参照表 6-8 所示的考核内容及要求对学生进行评价，每条考核内容及要求的分值为 10 分，学生总得分=30%×学生自评得分+30%×教师评价得分+40%×企业评价得分。

表6-8 学生考核表（十六）

类别	考核项目	考核内容及要求	学生自评得分（30%）	教师评价得分（30%）	企业评价得分（40%）
技术考核	质量	能够复述出售前/售中客服人员应对议价、处理疑义、推荐商品、跟踪订单的工作技巧，正确率在90%以上			
		能够独立应对客户议价、疑义、商品、订单等咨询问题，正确率在90%以上			
		能够复述出售后客服人员关于纠纷处理、退换货处理及评价维护的工作技巧，正确率在90%以上			
		能够独立处理客户的纠纷，提出合理的解决方案			
		能够根据不同的退换货情况处理客户的退换货问题，并提出合理的解决方案			
		能够独立解决不同的维护评价问题			
非技术考核	态度	学习态度认真、细致、严谨，讨论积极，发言踊跃			
	纪律	遵守纪律，无无故缺勤、迟到、早退行为			
	协作	小组成员间合作紧密，能够互帮互助			
	文明	合规操作，不违背平台规则、要求			
总计					

存在的问题	解决问题的方法

任务二 维护客户关系

任务描述

在网店经营中，客户关系的维护是非常重要的。无论是新客户，还是老客户，客服人员都应该重视客户关系的维护，让客户享受满意的服务。只有让客户体验到良好的服务和商品的附加价值，客户才能对客服人员建立起超越买卖关系的信赖感。小李作为杭州某茶业有限公司"西湖龙井茶"系列产品的专门客服人员，在日常工作中不仅要处理售前、售中、售后的客服工作，还要不断地维护客户关系，在提升客户满意度的同时，稳定店铺现有客户资源，建立新的客户群体，以保障店铺的持续经营发展。小李需要如何维护客户关系，才能有效地稳定店铺客户资源，避免资源的不断流失？

通过对本任务的学习，请同学们基于小李的任务情境，分析出客户信息，并为客户设置多维度的专属标签，从而维护好店铺的客户关系。

任务目标

1. 分析客户的来源；
2. 完成客户标签的设置；
3. 了解客户忠诚度的影响因素；
4. 掌握维护客户资源的方法；
5. 具备敏锐的信息抓取能力，能够根据客户的来源渠道分析出客户的购物习惯等，形成客户画像。

任务准备

1. 下载并安装在线商城客服工具，提供店铺的账号信息及密码；
2. 准备好老客户资源，以及为其设置的标签和活动内容。

任务实施

子任务1 分析客户信息

活动1：分析客户的来源

头脑风暴

请同学们想一想分析客户流量的必要性，以及可以通过什么渠道去分析客户的来源。

_____
_____
_____
_____
_____

销售额、转化率、客单价、访客数等网店运营数据，基本都建立在流量的基础之上。没有流量，这些数据也就失去了分析的意义。所以要分析客户信息，首先要做的就是分析客户流量。分析客户进入店铺的途径，可以帮助客服人员了解客户的浏览偏好及购物习惯，客服人员根据客户的这些特点，可以与客户进行有效的沟通。

各个平台都为商家提供了流量数据，客服人员可以根据这些流量数据分析客户的来源。比如，千牛工作台中的生意参谋为商家提供了流量的数据分析、解读等功能，商家可以查看流量的构成，分析当前自己店铺流量的来源；在拼多多的数据中心也可以查看流量数据，流量数据包括直播数据、搜索数据、营销活动数据、拼单返现数据等，根据这些数据可以分析店铺的主要流量来源，从而为店铺运营提供参考。

课堂小练

小李需要结合店铺在淘宝的实际运营情况，分析店铺新老客户的情况。请同学们登录千牛工作台，进入生意参谋，结合小李所在店铺的实际情况，帮助小李分析该店铺客户的构成情况，并将结果填写在表6-9中。

表 6-9　小李所在店铺客户的构成情况

序号	客户来源	访客数（人）	下单客户数（人）	客户转化率
例	淘内免费	554	2	0.36%
1				
2				
3				

活动 2：设置客户的标签

头脑风暴

请同学们想一想为何要对客户设置标签，以及在设置客户的标签时，可以从哪些维度进行个性化设计，从而建立精准的客户画像。

_____
_____
_____
_____

为客户打上标签是客户关系维护中一件非常重要的事情。客服人员在服务过程中会遇到形形色色的客户，为了在客户询单时快速地在大脑中形成客户画像，为客户提供更好的服务，客服人员需要从多维度为客户设置标签，如化妆品类的商品常用的标签有肤质（中性、干性、敏感等）、购买力（"白领"、家庭主妇等）、客户需求（补水、美白、控油、祛斑等），从而对客户进行精准销售，这样也可以提升工作效率。

对于客户标签的设置，不同的平台有不同的设置方法。比如，淘宝的会员标签分为两种，一种是手动标签，另一种是自动标签。手动标签是指客服人员在与客户聊天过程中，通过沟通技巧来获取客户的信息，然后给客户打上标签；自动标签是指系统根据设置的筛选条件，自动给符合这些条件的客户打上标签。

课堂小练

为了更好地维护企业淘宝店铺的客户关系，小李准备为店铺的现有客户及潜在客户设置标签。她采用自动设置标签的方式对店铺的所有客户设置标签。请同学们登录千牛工作台，帮助小李完成客户标签的设置，将具体的内容填写在表 6-10 中。

表 6-10　小李所在店铺客户标签的设置

序号	标签类型	客户命名	客户数量（人）
例	标签为第一次购买本店商品的客户	店铺新客户	100
1			
2			
3			

子任务 2　维护客情关系

活动 1：管理客户忠诚度

客户忠诚度是指由于质量、价格、服务等诸多因素的影响，客户对网店中的商品或服务产生感情，形成偏爱并长期重复购买。例如，某位客户在购买衣服时，出于对网店的信任和满意，只会在同一家网店购买，客户这种在同一家网店重复购买商品的行为叫作客户忠诚度。网店在着力经营客户关系的过程中，还需要努力打造客户忠诚度，从而增强客户的黏性。

维护客户关系是小李在客服工作中每天要做的事情。根据自己的工作经验和日常的购物体验，她认为在销售工作中，客服人员最重要的工作就是取得客户的信任，客服人员只有取得客户的信任，才能与客户建立长期的合作关系，并提高客户忠诚度。因此，要想提高客户忠诚度，就要先取得客户的信任，提升客户满意度。小李通过网络搜索，以及对日常工作的总结，整理了一些客户忠诚度管理办法，如表 6-11 所示。

表 6-11　客户忠诚度管理办法

序号	取得客户信任的办法	影响客户满意度的因素	提高客户忠诚度的途径
例	换位思考，为客户着想	客户服务	售前有耐心，售中关注，售后关怀
1			
2			
3			

活动2：维护客户资源

头脑风暴

请同学们想一想如何维护客户资源，以及为什么要维护客户资源。

_____
_____
_____
_____

对客服人员来说，老客户是一种特有的资源，需要精心维护。客服人员要主动与老客户联系，把店里的新品介绍给老客户，店里有促销活动，也要及时通知老客户。比如，一些网店会在年前或年后对老客户进行拜年回访，这样不仅能把新品和店铺的最新消息在第一时间告知老客户，也能增进店铺和老客户之间的关系，从而有助于提升店铺的商品销量。为了方便客服人员有效地维护客户资源，通常店铺会创建群组，把类似的客户放在一个群组里面，定期地为群组成员推送促销活动、发送节日问候、派送小礼品等。

小李基于自己的工作经验及日常的实践操作，主要通过以下几个步骤，完成了客户资源维护的设置。

步骤1：创建群组。登录在线商城平台，进入群组创建页面，设置好群组名称、群组简介、群组公告、新人欢迎语等，即可完成群组创建，可以直接引导客户进群。

步骤2：设置群发消息。进入群发消息设置页面，输入内容详情，设置推送时间，选择推送群组，就可以完成群发消息的设置了。

步骤3：设置运营活动。通过运营工具设置群组内的运营活动（如上新提醒、优惠券关怀、限时专享等），根据页面提示填写活动的标题、内容、时间、商品等。

步骤4：管理群组成员。对群组成员进行管理是为了维护淘宝群的秩序，既能够保障淘宝群内成员的活跃度，又能够维持群内秩序，避免因群内的不当言论而造成群组成员利益受损。对一些不符合群要求的成员进行批量移出群、拉黑、禁言等操作；对群内的"僵尸成员"及风险成员进行批量删除。

项目六 处理售前、售中、售后的客服工作

课堂小练

小李现在要结合所学内容，完成淘宝店铺的客户资源维护。她通过网络搜索的方式，学习并了解了淘宝群维护的相关内容，并通过实践操作掌握了淘宝群各个管理模块的使用，接下来她将完成淘宝群管理内容的设置。请同学们进入千牛工作台，结合小李所在店铺的具体情况，帮助小李完成淘宝群管理内容的设置，并按照下列步骤完成主要设置内容的填写。

步骤1：创建淘宝群

在创建新的淘宝群后，需要设置群名称、群公告、群简介和新人欢迎语。同学们可以根据小李所在店铺的实际情况，创建合适的淘宝群，并设置具体内容，如表6-12所示。

表6-12 创建的淘宝群及其具体内容

群类型	具体内容			
	群名称	群公告	群简介	新人欢迎语
美食分享	××的美食屋	今日美食分享推荐	这里是一个分享美食、交流厨艺的大家庭。在这里，我们可以分享自己的烹饪经验、推荐好吃的餐厅、交流食材选购心得等。同时，我们也欢迎大家分享自己的美食作品，一起体验美食的魅力	美食不可辜负哦！欢迎大家加入本群，让我们一起品尝美食、寻找快乐

步骤2：设置群发消息

消息管理模块包括消息定时&批量群发、消息批量回复、自动回复几个内容。小李根据店铺需求设置了消息定时&批量群发和自动回复的内容，其中消息类型选择文字内容。请同学们帮助小李完成消息具体内容的设置，将具体的内容填写在表6-13中。

表6-13 设置群发消息

群发消息设置			
消息定时&批量群发	内容详情	推送时间	推送群组
	举例：今天20:00，本店将有20~100元的大额优惠券发放，宝宝们一定要关注哦	12:00	购买过店铺商品的客户群组
自动回复	规则名	关键词	自动回复语
	举例：物流信息	发什么快递	您好，本店默认发货快递为圆通快递，如有特殊需求，请留言

步骤3：设置商品知识库

商品知识库包括热门商品知识库和全部商品知识库，小李选择全部商品知识库，并对店内的几款主要商品新增了自定义知识。请同学们帮助小李完成自定义知识的设置，如表6-14所示。这里的关联时效选择永久生效，关联商品设置为指定商品。

表6-14　自定义知识的设置

问题的类型	问法	回复内容	备注
商品质量的问题	你们的商品是正品吗？质量怎么样	您好，本店铺的商品均由原厂自主设计，品质有保证，请放心购买	
商品价格的问题	这款太贵了，能不能便宜一点	您好，这已经是活动特惠价了，而且库存有限，您如果喜欢，一定要抓紧哦	

步骤4：运营活动的创建

淘宝群所用到的运营活动有提升拉新、活动召回和成交转化。请同学们结合店铺情况，帮助小李选择合适的活动，并完成活动内容的设置，将设置的内容填写在表6-15中（具体所要设置的内容，以活动页面为准）。

表6-15　运营活动的设置

活动类型	活动内容的设置要点
上新提醒	在本月的12日，将有新品上架，还有大额优惠券发放哦，宝宝们一定要记得关注
优惠券关怀	
限时专享	

步骤5：成员管理

小李需要对店铺淘宝群里的所有成员进行管理。请同学们帮助小李完成成员管理内容的设置，将具体设置内容填写在表6-16中，并清理了群内的"僵尸成员"和风险成员。

表6-16　成员管理的设置

项目	具体设置内容
会员等级	一般会员、高档会员、VIP和至尊VIP
标签分组	购买过店铺的商品的客户、收藏过店铺的商品的客户、浏览过店铺的商品的客户
交易笔数	
交易金额	
入群时间	

续表

项目	具体设置内容
最后访问时间	
连续签到天数	
累计签到天数	
最后一次签到时间	

任务拓展

请同学们结合任务描述及任务实施的内容，登录拼多多官网，完成该平台的客户关系维护，主要任务如下：

1．分析拼多多店铺的客户流量情况；

2．对拼多多店铺现有的客户设置标签；

3．完成拼多多店铺客户资源的维护，包括群组的建立、消息的群发、活动的运营和成员的管理。

任务工单 6-2

任务工单 6-2 如图 6-2 所示。

项目名称：		任务名称：	
学号：		姓名：	
任务描述			
李晓是某电器品牌的淘宝旗舰店客服人员，最近一个月她已经接待上百个客户。作为客服人员，她不仅需要掌握售前、售中、售后的工作技巧，还需要不断地维护客户关系。为了更好地维护这些客户，近期她准备抽时间对这些客户进行分析，设置客户的个性化标签，并通过管理客户忠诚度、创建群组来维护客户资源。			
任务实施			
任务一：分析客户信息			
登录千牛工作台，进入店铺流量页面，分析客户的来源渠道，并根据客服人员与客户的聊天记录，设置客户的个性化标签，填写下表。			

项目	具体的内容
客户的来源渠道	
客户的个性化标签	

图 6-2　任务工单 6-2

任务二：维护客户关系

通过网络搜索的方式，搜集并整理管理客户忠诚度的办法，登录千牛工作台，进入客户板块下的"淘宝群"页面，完成淘宝群的创建，以及群发消息、活动内容和成员管理内容的设置，进行客户资源的维护，将相关内容填入下表。

客户忠诚度管理办法	
管理客户忠诚度的办法	
提高客户忠诚度的途径	
维护客户资源	
模块内容	内容设置
群组管理（创建淘宝群）	
消息管理（设置群发消息、回复消息）	
运营活动（群活动）	
成员管理	

教师点评

图 6-2　任务工单 6-2（续）

任务评价

基于学生在本任务中学习、探究、训练时的课堂表现及完成结果，参照表 6-17 所示的考核内容及要求对学生进行评分，每条考核内容及要求的分值为 10 分，学生总得分=30%×学生自评得分+30%×教师评价得分+40%×企业评价得分。

表 6-17 学生考核表（十七）

类别	考核项目	考核内容及要求	学生自评得分（30%）	教师评价得分（30%）	企业评价得分（40%）
技术考核	质量	能够统计出客户流量数据，并分析客户流量来源			
		能够复述不同平台客户标签设置的特点，正确率在90%以上			
		能够采用手动标签及自动标签的方式设置客户标签			
		能够复述影响客户忠诚度的因素，正确率在90%以上			
		能够复述客户忠诚度管理办法，正确率在90%以上			
		能够独立完成客户资源的维护，并设置群发消息、活动内容等			
非技术考核	态度	学习态度认真、细致、严谨，讨论积极，发言踊跃			
	纪律	遵守纪律，无无故缺勤、迟到、早退行为			
	协作	小组成员间合作紧密，能够互帮互助			
	文明	合规操作，不违背平台规则、要求			
总计					

存在的问题	解决问题的方法

任务三 分析客服数据

任务描述

在客户服务中,数据分析扮演着至关重要的角色,它能够帮助企业和组织在多个层面提升服务质量和客户满意度。它能帮助企业深入了解客户行为、预测需求趋势、优化运营效率,并精准定位服务改进点,从而有效提升客户的满意度和忠诚度,促进业务增长。小李作为杭州某茶叶有限公司"西湖龙井茶"系列产品的专门客服人员,在日常工作中不仅要应对售前/售中客服工作、处理售后客服工作,还要不断地分析数据、改进服务,提高客户满意度和客户的重复购买率,促进正面口碑传播。那么,小李需要如何进行数据分析,才能让企业持续监测和改进服务质量,确保客户满意?

通过对本任务的学习,请同学们基于小李的任务情境,采集客服绩效数据,分析客服绩效数据,找出客服人员存在的问题,并提出解决方法。

任务目标

1. 认识客服绩效数据指标;
2. 能够采集客服绩效数据;
3. 分析客服绩效数据,并基于结果提出客服人员存在的问题和解决的方法;
4. 具备数学逻辑推理能力,能够基于客服数据发现其本质问题,从而提出合理的解决方法。

任务准备

1. 下载并安装在线商城平台,准备好平台的账号和登录密码;
2. 确保网络和电脑设备正常且稳定。

任务实施

子任务1 采集客服绩效数据

头脑风暴

请同学们通过网络搜索的方式,思考客服绩效数据通常包含哪些指标,以及可以通过哪些渠道或通过什么方式采集到客服绩效数据。

_____
_____
_____
_____

如今各行各业都离不开数据分析，店铺要想提高工作效率，更是离不开客服绩效数据分析。客服绩效数据一般包括客服销售额、平均响应时长、询单转化率等，这些都是基本的数据指标。在一般情况下，可以通过客服工具查看到这些客服绩效数据，具体的操作步骤如下。

步骤1：登录在线商城的客服工具，进入数据中心页面。

步骤2：单击"服务数据"后进入服务数据页面，在该页面可以查看所有客服绩效数据，如客服销售额、客服销售人数、询单转化率、平均响应时长等。

步骤3：收集客服绩效数据，并将结果整理在表格中，以便后期进行客服绩效数据分析。

课堂小练

小李结合目前企业淘宝店铺的运营情况，进入千牛工作台，采集淘宝店铺的客服绩效数据，并记录下来。请同学们帮助小李梳理出采集客服绩效数据的具体操作过程，整理出采集的数据结果，填入表6-18中。

表6-18 采集的数据结果

序号	数据指标	数据值
1	客服销售额	
2	客服销售人数	
3	询单转化率	
4	平均响应时长	
5	客服好评率	
6		
7		

子任务2 分析客服绩效数据

活动1：分析客服销售额

客服销售额是客服人员通过引导、推荐和协助客户完成购买而产生的销售额，体现了客服人员的销售能力，反映了客服人员在专业知识、服务态度、客服工作技巧等各个方面的能力，是客服人员综合能力的表现。

小李基于采集到的客服销售额数据，从客服销售额占比、客服销售人数、客服销售客单价和目标完成情况几个维度进行分析，比较各个客服人员的客服销售额，从而判断客服人员的工作效率和工作态度，并结合分析结果对客服个人及客服团队的销售能力进行点评。

客服个人销售能力点评：_____
_____
_____

客服团队销售能力点评：_____
_____
_____

活动2：分析平均响应时长

平均响应时长是客服人员回复客户每一次咨询的用时平均值。通过分析平均响应时长，可以明确客服人员的价值。通常，平均响应时长等于40s为及格，等于25s为优秀，等于60s为警戒。

小李基于采集到的平均响应时长数据，对比分析客服人员的用时情况，并根据分析的结果进行点评，提出客服人员存在的问题及后期优化的方法。

存在的问题：_____
_____
_____

优化的方法：_____
_____
_____

活动3：分析询单转化率

询单转化率是指客户在进入店铺后，通过咨询客服人员完成的商品交易情况。一般客服人员的询单转化率要达到60%才算合格。询单转化率反映了客服人员对客户问题的处理能力和对客服工作技巧的运用能力。

小李基于采集到的询单转化率数据，从询单人数、下单人数及付款人数等多个维度进行分析，主要分析询单流失人数、询单价值，从而找出询单流失和转化率低的原因，并根据不同原因提出改进的方法。

询单流失和转化率低的原因：_____

_____

_____

改进的方法：_____

_____

_____

活动4：分析客户满意度

客户满意度可以在一定程度上反映客服人员的服务态度和服务质量。影响客户满意度的因素有很多，如客户等待时间过长、客服流程太复杂、客服人员因不能理解客户的需求而无法解决客户的问题、客服人员的服务态度较差等。

小李基于采集到的客户满意度数据，通过分析影响客户满意度的因素，找出客服工作中存在的不足及后期提升的方法。

存在的不足：_____

_____

_____

提升的方法：_____

_____

_____

任务拓展

请同学们结合任务描述及任务实施的内容，登录拼多多官网，完成拼多多店铺的客服数据分析，主要任务如下：

1．采集拼多多店铺的客服绩效数据；

2．分析拼多多店铺的客服绩效数据，包括客服销售额、平均响应时长、询单转化率及客户满意度；

3．根据采集及分析的结果，评价店铺客服人员的绩效。

网店客户服务

任务工单 6-3

任务工单 6-3 如图 6-3 所示。

项目名称:	任务名称:
学号:	姓名:

任务描述

李晓是某电器品牌的淘宝旗舰店客服人员,这半年来她接待了上千名客户,处理了各种各样的客户问题。她在不断地维护着店铺的客户关系。现在到了年中,她需要对自己这半年来的工作结果及业务能力进行评估,找到自己工作中存在的问题,并提出优化的方案,从而不断地提升工作能力,也为店铺创造更多的利润,提升客户的满意度。

任务实施

任务一:采集客服绩效数据

李晓需要通过登录千牛工作台采集客服绩效数据:进入千牛工作台首页,单击"数据"按钮,找到"服务"模块,进入服务数据页面,采集客服绩效数据,并将采集的结果填写在下表中。

数据指标	数据值

任务二:分析客服绩效数据

李晓基于任务一中采集到的数据,分析客服绩效数据,主要从客服销售额、平均响应时长、询单转化率及客户满意度等维度进行分析,并根据分析结果,提出客服人员存在的问题及解决问题的方法,填入下表中。

数据指标	分析结果	存在的问题/解决问题的方法
客服销售额		
平均响应时长		
询单转化率		
客户满意度		

教师点评

图 6-3 任务工单 6-3

任务评价

基于学生在本任务中学习、探究、训练时的课堂表现及完成结果,参照表 6-19 所示的考核内容及要求对学生进行评分,每条考核内容及要求的分值为 10 分,学生总得分=30%×学生自评得分+30%×教师评价得分+40%×企业评价得分。

表 6-19 学生考核表(十八)

类别	考核项目	考核内容及要求	学生自评得分(30%)	教师评价得分(30%)	企业评价得分(40%)
技术考核	质量	能够复述客服绩效数据指标,正确率在 90%以上			
		能够独立完成客服绩效数据的采集			
		能够分析客服销售额数据,并根据分析结果提出改进意见			
		能够分析平均响应时长数据,并基于分析结果找出存在的问题,提出解决问题的方法			
		能够分析询单转化率数据,找出转化率低的原因及提升转化率的办法			
		能够分析客户满意度数据,并根据分析结果查找存在的不足及提升客户满意度的方法			
非技术考核	态度	学习态度认真、细致、严谨,讨论积极,发言踊跃			
	纪律	遵守纪律,无无故缺勤、迟到、早退行为			
	协作	小组成员间合作紧密,能够互帮互助			
	文明	合规操作,不违背平台规则、要求			
总计					
存在的问题		解决问题的方法			

文化课堂

她曾经因被烧伤而生活艰难,如今成为淘宝客服人员

"亲,请问您有什么需要?"在一间普通农房内,刘岳飞快地打着字,隔着屏幕,处理求助者的问题。她是一名淘宝客服人员,被人称为"淘宝小蜜"。每天,刘岳要为 100 多人提供

服务，解答客户在使用淘宝过程中遇到的问题。然而，屏幕那头的人也许永远不知道，和他们沟通的这位"淘宝小蜜"，身体曾大面积被烧伤。但她并没有放弃自己，如今，凭着自己的努力，每个月税后能挣6000多元。

2016年，刘岳刚毕业不久，因为一场火灾身体大面积被烧伤，手上更是没有一块完整的皮肤，治疗花费了20多万元。这20多万元的医疗费，已经掏空了家底，并且让这个并不富裕的家庭借遍了亲戚朋友。为了尽快还清借款，待身体稍微恢复后，刘岳就开始工作，她白天工作，晚上在外面摆地摊。尽管如此，她的收入并不多。

后来刘岳参加了残联组织的职业技能培训，学习淘宝云客服的一些基本知识和沟通技能。经过10天的培训后，刘岳正式上岗了。头几个月的工作并不顺利，每个月的收入很低，不到100元，尽管如此，刘岳并没有放弃，还是每天坚持守在电脑前，直到凌晨3点，绩效考核结果出来了，她才安心地去睡。因为她对淘宝各项服务越来越熟悉，打字速度也越来越快，所以她换了一个工作部门，结果分配来的客户越来越多。到了第四个月，她挣的钱比前三个月的总和还多，这让她更有信心了。刘岳说，成为淘宝客服人员，就像天上掉下来的馅饼。她非常珍惜这份工作，一直秉持着服务好每一位客户的态度。如今，她一个月可服务4300多人，税后收入达到了6000多元。

刘岳在经历悲惨的遭遇后仍能对生活保持微笑，在面对淘宝客服这份考验人耐心的工作时仍能坚持做好，她这种对工作和生活的态度值得我们学习。同时，正是淘宝客服这份工作，给了她生活的保障和前进的动力。

【学习笔记】

通过对本篇内容的学习，请同学们结合自身的学习情况，总结出自己认为应当掌握的重难点和学习感悟。

直播客服篇

　　客户服务是电商活动中的一项重要工作,随着直播电商的兴起,通过观看直播的形式进行购物已经被越来越多的客户所青睐。在直播的过程中,虽然有主播负责商品的讲解、展示和推荐,但这对客户的需求而言是远远不够的,还需要专业的直播客服人员为客户提供服务,这样才能消除客户的种种顾虑,使直播电商被更多的客户接受和信任。因此,作为直播客服人员,需要不断地学习,充分地挖掘客户价值,以便更好地服务客户。

引导案例

某家进行食品生产和销售的有限责任公司，总部位于重庆市，主要生产和销售调味香料、调味品、火锅底料、烘焙调料等预包装食品。

随着数字化的高速发展，新形态的电商平台不断涌现，该公司为了接触更多的消费者，开通了抖音小店。在开店之初，该公司招聘了两名直播客服人员，让他们自学了抖音平台规则和客服常用工具。经过了一个月的适应期，这两名直播客服人员的询单转化率基本稳定。随着电子商务市场的快速发展，抖音小店的生意蒸蒸日上，所需要的直播客服人员也越来越多，该公司随即成立了客服部。

2022年年底，为了提升销量和扩大知名度，该公司报名参加了2023年抖音好物年货节活动。在活动期间，抖音小店的产品销售额实现了质的突破。在直播结束后，抖音小店陆续为客户发货，然而由于到货慢、包装破损，收到了客户退换货的申请。客服部为了妥善处理此次活动产生的售后问题，立即召开了客服会议，对直播客服人员进行了相关的培训，培训内容包括直播客服规范、直播客服工具使用、直播客服工作技巧等。该公司号召直播客服人员从这次会议中学会解决问题的方法，争取下次活动再创辉煌。

案例思考：

结合上述案例，请思考直播客服人员对抖音小店的作用，以及直播客服人员需要掌握哪些工作技巧。

项目七

规范直播客服工作

项目情景

作为一名金牌直播客服人员，掌握工作规范是顺利开展客服工作的前提，也有助于为客户提供优质服务。

小李是杭州某茶业有限公司的一名实习生，被分配到了该公司客服部下属的直播客服组。为了更好地服务客户，直播客服组组长将对新入职的直播客服人员进行上岗培训，培训主要围绕规范服务用语、梳理平台规则、分析促销活动、处理违规行为等内容展开。

学习目标

知识目标

1. 认识直播客服人员的规范服务用语；
2. 明确直播平台的规则；
3. 熟悉直播平台的促销活动；
4. 了解常见违规行为及其处理方法。

能力目标

1. 能够整理出直播客服人员的规范用语；
2. 能够梳理清楚直播平台的规则；
3. 能够区分直播平台的促销活动。

素养目标

1. 具备法治意识，避免触碰法律的红线；

2. 具备服务意识，树立客户至上的服务意识。

任务预览

```
规范直播客服工作
├── 规范服务用语
│   ├── 搜集规范用语和不规范用语
│   └── 分类整理规范用语和不规范用语
├── 了解平台规则
│   ├── 搜集平台规则
│   └── 梳理平台规则的模块
└── 分析促销活动
    ├── 探究促销活动的分类
    └── 对比不同促销活动的内容和玩法
```

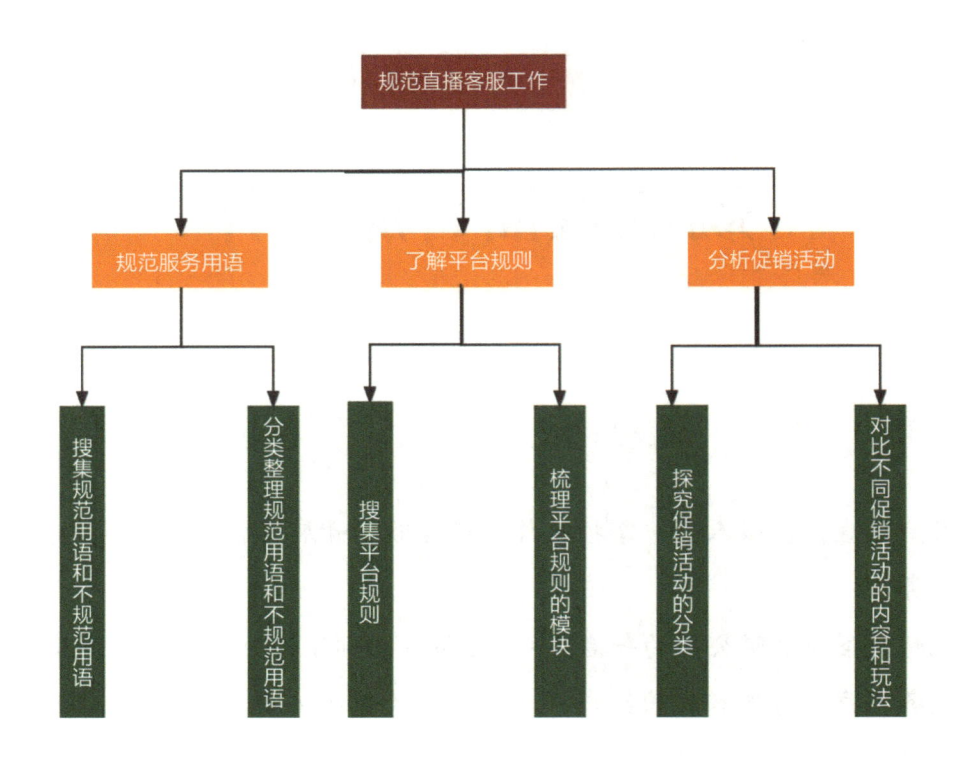

任务一　规范服务用语

任务描述

直播客服人员小李在参加入职培训后，认识到直播客服人员在工作过程中应该遵守一定的工作规范，这是成为金牌直播客服人员的重要基础。为了更快地适应岗位、开展工作，小李决定利用闲暇时间，对直播平台的服务用语进行学习。

通过对本任务的学习，请同学们基于小李的任务情境，帮助她分类整理出直播平台在提供服务时的规范用语和不规范用语。

任务目标

1. 认识直播客服人员的规范用语及不规范用语；

2. 能够分类并整理直播平台的规范用语及不规范用语；
3. 具备举一反三的学习能力。

任务准备

1. 确保网络和电脑设备正常且稳定；
2. 准备好笔记本，方便在学习过程中进行记录；
3. 提前对直播客服人员在工作中运用的规范用语进行汇总整理。

任务实施

子任务1 搜集规范用语和不规范用语

语言文字是直播客服人员与客户沟通的主要工具，为了规范商品推广的行为秩序，维护客户的访问体验和合法权益，直播平台要求直播客服人员在服务客户的过程中，正确使用语言文字，规范服务用语，体现客服工作的专业性和对客户的尊重，同时避免使用不规范用语。一旦发现存在不规范行为，直播平台将依据服务规则及创作者与平台签订的各项服务协议，采取警告、扣分等处罚措施。

小李现在需要借助网络搜索功能，结合日常浏览短视频的体验，分别用关键词"直播客服人员的规范用语""直播客服人员的不规范用语"搜索出目前直播客服人员的规范用语及不规范用语，筛选后填入表7-1中。

表7-1 规范用语和不规范用语搜索结果整理表

序号	搜索平台	搜索关键词	有哪些规范用语	有哪些不规范用语
例	百度	直播客服人员的规范用语	亲，我非常理解您的心情	这不是我们的问题
1				
2				

头脑风暴

请同学们结合日常生活经验，思考在与客户的交流过程中，直播客服人员的常用语都有哪些。

网店客户服务

知识链接

直播客服人员的禁用语

一、否定性话语

"我不能""我没有办法""我不负责"等。

二、不确定话语

"也许""大概""可能""差不多"等。

三、命令性话语

"你必须立刻……""是让你……"等。

四、不耐烦的话语

"又怎么了""你怎么还没明白"等。

五、反问、质问客户或与客户争辩的话语

"你凭什么……""你为什么不……"等。

子任务 2 分类整理规范用语和不规范用语

直播平台的规范用语一般包括称呼用语、礼貌用语、场景用语等。不规范用语是指直播客服人员在和客户沟通的过程中，使用的错字、变体字、不规范缩写、变异词等不规范的语言文字；禁用语是指在商品宣传的过程中，使用的与实际情况不符的、对客户造成欺骗或误导的词汇。

小李在对搜索结果进行筛选后，整理出一些直播客服人员常用的规范用语及不规范用语。如果要对其进行深度的整合，还需要对规范用语及不规范用语进行分类。小李进入直播平台的规则中心，查看规范用语词库，制作了一份直播平台的规范用语及不规范用语分类整理表（见表 7-2）。

表 7-2 直播平台的规范用语及不规范用语分类整理表

规范用语分类	称呼用语	礼貌用语	场景用语
举例	亲	请	下单后一般是在 48 小时内发货的哦
不规范用语分类	不规范使用语言文字的行为		禁用语
举例	这件商品 YYDS，直接购买就行了		我们家商品的质量是最好的

头脑风暴

请同学们想一想抖音平台的称呼用语、礼貌用语、场景用语都有哪些，试举例说明，填写在表 7-3 中。

表 7-3 抖音平台的规范用语

序号	规范用语	举例
1	称呼用语	
2	礼貌用语	
3	场景用语	

知识链接

直播客服人员的规范用语

一、称呼用语

正确的称呼不但可以让客户倍感亲切，为后续沟通奠定良好基础，还可以让直播客服人员的专业素养得到体现。通常，如果不区分性别，直播客服人员只需要称呼客户为"您""亲"即可；如果要体现客户的性别，直播客服人员可以根据实际情况，使用"先生""女士"等称呼。不同平台有不同的平台文化，"宝宝""家人""老铁"都是流行的称呼语，也为广大客户所认可和接受。

二、礼貌用语

在与客户沟通的过程中，直播客服人员应尽可能使用能够体现客户地位的话语。例如，为了表达对客户的尊重，可以多使用"请""麻烦"等话语。

三、场景用语

直播客服人员在具体的咨询接待中，会面对不同的对话场景，如商品介绍、活动介绍、价格说明、物流说明等。在回复客户时，直播客服人员可在保持礼貌与客观真诚的基础上，依照商家的不同要求组织不同的语言。商家还可形成不同场景的应答话术。

任务拓展

请同学们结合任务描述及任务实施的内容，针对抖音、快手等直播平台，对比分析直播客服人员常用的规范用语，整个过程需要符合以下要求：

1．对规范用语进行分类整理；

2．找出直播平台通用的规范用语。

网店客户服务

任务工单 7-1

任务工单 7-1 如图 7-1 所示。

项目名称：		任务名称：	
学号：		姓名：	
任务描述			
某美妆品牌精研彩妆领域，主要通过线下渠道开展销售，凭借过硬的品质赢得了优质的口碑，塑造了专业化、时尚化、年轻化的品牌形象。为扩大品牌知名度，该美妆品牌开通了抖音店铺，准备参加抖音平台的特色业务及促销活动。在组织架构上，该美妆品牌建立了直播电商团队，其中包括主播部、销售部、运营部、客户服务部等。在客户服务部里，由于新入职的直播客服人员对抖音平台的规范用语和不规范用语不太熟悉，所以这些直播客服人员接下来将围绕抖音平台的规范用语和不规范用语开展学习。			
任务实施			

任务一：认识抖音平台的规范用语和不规范用语

进入抖音官方学习中心，完成对抖音平台规范用语和不规范用语的初步学习，将学习的规范用语和不规范用语填写在下表中。

类别	举例
规范用语	
不规范用语	

任务二：分类整理抖音平台的规范用语和不规范用语

通过查阅抖音官网资料，对抖音平台的规范用语和不规范用语的分类及表述进行整理，并完成下表的填写。

规范用语分类	规范用语表述

不规范用语分类	不规范用语表述

教师点评

图 7-1 任务工单 7-1

任务评价

基于学生在学习、探究、训练时的课堂表现及完成结果,参照表 7-4 所示的考核内容及要求对学生进行评分,每条考核内容及要求的分值为 10 分,学生总得分=30%×学生自评得分+30%×教师评价得分+40%×企业评价得分。

表 7-4　学生考核表(十九)

类别	考核项目	考核内容及要求	学生自评得分(30%)	教师评价得分(30%)	企业评价得分(40%)
技术考核	质量	能够举例说明直播客服人员的规范用语及不规范用语			
		能够复述出直播客服人员的规范用语分类			
		能够复述出直播客服人员的不规范用语分类			
		能够利用搜索工具对直播客服人员的规范用语及不规范用语进行搜索			
		能够对直播平台的规范用语及不规范用语进行分类			
非技术考核	态度	学习态度认真、细致、严谨,讨论积极,发言踊跃			
	纪律	遵守纪律,无无故缺勤、迟到、早退行为			
	协作	小组成员间合作紧密,能够互帮互助			
	文明	合规操作,不违背平台规则、要求			
总计					

存在的问题	解决问题的方法

任务二　了解平台规则

任务描述

如今,直播平台呈现出多样化的趋势,各直播平台的具体规则有所不同。作为直播客服人员,熟悉直播平台的基本规则是顺利开展客服工作的前提。最近,直播客服人员小李在日常工作中经常遇到平台规则的相关事宜,小李对此类问题不知道应该如何回答,于是决定对直播平台规则进行具体的学习。

通过对本任务的学习,请同学们基于小李的任务情境,帮助她梳理出直播平台规则的相关模块。

任务目标

1. 了解直播平台规则的名称;
2. 明确直播平台规则的内容;
3. 能够梳理直播平台规则的具体模块;
4. 具备独立思考和实践的能力。

任务准备

1. 确保网络和电脑设备正常且稳定;
2. 准备好笔记本,方便在学习过程中进行记录;
3. 提前进入平台规则中心,对平台规则进行初步了解,并对有疑惑的内容进行记录。

任务实施

子任务1　搜集平台规则

任何一个直播平台的良性运营都离不开平台规则的设立,直播客服人员需要了解并学习直播平台规则,并严格遵守这些规则。不同直播平台的规则学习平台也有所不同,例如,抖音的规则学习平台主要是抖音电商学习中心,快手的规则学习平台主要是快手电商学习基地。小李登录直播平台的官网,进入平台规则中心,搜集平台规则,整理出平台规则的名称及概述,如表7-5所示。

表 7-5　平台规则的名称及概述

序号	平台分类	名称	概述
例	抖音	商品主图发布规范	商品主图作为商品名片，影响商品的流量，平台鼓励商家制作美观、优质的商品名片。符合规范的商品主图不仅有机会获得平台推荐，更有机会提升品牌调性，促进客户转化。商品主图发布规范主要包括概述、商品主图效用、商品主图标准与要求，以及附则
1			
2			

头脑风暴

请同学们想一想快手直播平台有哪些具体的规则，将其名称及概述填写在表 7-6 中。

表 7-6　快手直播平台规则的名称及概述

序号	名称	概述
1		
2		
3		
4		

子任务 2　梳理平台规则的模块

各直播平台的具体规则虽不尽相同，但都对客户服务管理做出了相关规定。小李仔细阅读直播平台规则，并根据客服需要，梳理出平台规则包含的模块与细则内容，如表 7-7 所示。

表 7-7　平台规则的模块与细则内容

模块分类	模块名称	子模块名称	细则内容
模块 1	客户保障	基础规范 争议处理 特色服务	飞鸽服务使用管理规范 服务考核指标说明 考核工作时间：每天（周一到周日）8:00:00—22:59:59 考核周期：自然周考核（每周二为考核日，考核数据取值为每周周一零点到周日 24:00 的数据表现） 为确保客户的体验，平台会对店铺的飞鸽服务相关指标进行考核，包括但不限于一定时限内的消息回复率（如 30s 回复率）、飞鸽不服务率、飞鸽不满意度等，相关指标需要达到服务标准。如果未达到服务标准，平台有权对店铺做出警告、扣分、扣除保证金等处理措施

续表

模块分类	模块名称	子模块名称	细则内容
模块 2			
模块 3			
模块 n			

头脑风暴

抖音平台对特色营销业务规则也有规定，请同学们思考，和基础营销规则比较，特色营销业务规则在制定过程中优化了哪些方面，将优化模块及其细则内容填入表 7-8 中。

表 7-8　特色营销业务规则的优化模块及其细则内容

序号	优化模块	细则内容
例	"抖音超市"供应商保证金管理规范	2.4　保证金划扣及赔付 2.4.1　若供应商在经营期间违反协议、违规、引发重大负面舆情或被任何第三方发起投诉、举报、索赔、诉讼或仲裁等，抖音超市有权根据抖音超市协议及抖音超市规则的规定冻结或扣划其部分或全部供应商保证金，用于赔付、赔偿客户的抖音超市损失、支付违约金或其他应由供应商承担的款项或费用
1		
2		

任务拓展

请同学们结合任务描述及任务实施的内容，搜集快手直播平台关于客服的规则，整个过程需要符合以下要求：

1．结果以表格形式呈现；
2．结果包含规则的名称、类别、具体内容。

任务工单 7-2

任务工单 7-2 如图 7-2 所示。

项目名称：		任务名称：
学号：		姓名：

任务描述

某美妆品牌精研彩妆领域，主要通过线下渠道开展销售，凭借过硬的品质赢得了优质的口碑，塑造了专业化、时尚化、年轻化的品牌形象。为扩大品牌知名度，该美妆品牌开通了抖音店铺，准备参加抖音平台的特色业务及促销活动。在组织架构上，该美妆品牌建立了直播电商团队，其中包括主播部、销售部、运营部、客户服务部等。在客户服务部里，由于新入职的直播客服人员对抖音平台的规则不太熟悉，所以这些直播客服人员接下来将围绕抖音平台的规则开展学习，并完成汇总、整理。

任务实施

任务一：搜集抖音平台规则

进入抖音官方学习中心，完成对抖音平台规则的初步学习，填写在下表中。

规则名称	规则概述

任务二：梳理抖音平台规则的模块

通过查阅抖音官网资料，对规则进行具体的分类及表述，整理成模块，并完成下表的填写。

模块分类	模块名称	模块表述	细则内容
模块 1			
模块 2			
模块 3			
模块 4			

教师点评

图 7-2　任务工单 7-2

任务评价

基于学生在学习、探究、训练时的课堂表现及完成结果,参照表 7-9 所示的考核内容及要求对学生进行评分,每条考核内容及要求的分值为 10 分,学生总得分=30%×学生自评得分+30%×教师评价得分+40%×企业评价得分。

表 7-9 学生考核表(二十)

类别	考核项目	考核内容及要求	学生自评得分（30%）	教师评价得分（30%）	企业评价得分（40%）
技术考核	质量	能够复述出直播平台的规则名称			
		能够复述出直播平台的规则概述			
		能够阐述出直播平台规则的具体模块			
		能够根据客服需要,筛选出与客服相关的规则			
		能够梳理直播平台规则的模块			
非技术考核	态度	学习态度认真、细致、严谨,讨论积极,发言踊跃			
	纪律	遵守纪律,无无故缺勤、迟到、早退行为			
	协作	小组成员间合作紧密,能够互帮互助			
	文明	合规操作,不违背平台规则、要求			
总计					

存在的问题	解决问题的方法

任务三 分析促销活动

任务描述

在了解了直播平台的规则后,小李发现直播平台有各种类型的促销活动,若能清楚地了解直播平台的促销活动,掌握其内容和玩法,就能更好地对客户进行引导和服务,使客服工作更有效率和效果。

通过对本任务的学习,请同学们基于小李的任务情境,认识直播平台的促销活动,并整理出不同促销活动的内容和玩法。

任务目标

1. 认识直播平台的促销活动及其分类;
2. 了解不同促销活动的内容和玩法;
3. 能够区分不同的促销活动;
4. 能够整理不同促销活动的内容和玩法;
5. 具备自主学习、探究的能力。

任务准备

1. 确保网络和电脑设备正常且稳定;
2. 准备好笔记本,方便在学习过程中进行记录;
3. 提前进入直播平台官网,对不同促销活动的内容和玩法进行初步了解,对有疑惑或者不清楚的内容进行记录。

任务实施

子任务1 探究促销活动的分类

为了提高产品的销量和扩大品牌知名度,直播平台会不定期地发起一些对客户有吸引力的促销活动。在活动期间,店铺的咨询量较日常有所增加,直播客服人员会比较忙碌。不同平台开展的促销活动有所不同,例如,快手平台的"116品质购物",抖音平台的"春节不打烊""美妆风尚盛典",总体分为营销 IP 活动、主题活动、行业活动、行业 IP 活动四大类。

作为金牌直播客服人员,不但要能够解释清楚促销活动的内容和玩法,还要根据客户的需求,推荐合适的活动商品,促成活动的顺利进行。小李登录不同直播平台的官网,进入平台学习中心,搜集不同平台的促销活动,整理出促销活动的名称及所属类别,如表 7-10 所示。

表 7-10 促销活动搜集整理表

序号	平台名称	促销活动名称	所属类别
例	抖音	2023 年抖音 "3.8 好物节" 活动	主题活动
1			
2			

头脑风暴

对于平台营销活动,抖音平台特色营销业务规则也有规定,请同学们思考和基础营销规则相比,特色营销业务规则在制定促销活动相关内容的过程中优化了哪些方面,填写在表 7-11 中。

表 7-11 特色营销业务规则的优化内容

项目	优化内容
特色营销业务规则	第四章 活动管控规范 创作者在活动期间的一切经营行为,应严格遵守国家法律法规、《平台营销活动基础规则》、本招商规则及《达人联合营销合作协议》的所有要求,自觉保障客户权益,维护平台的正常秩序,尤其不得出现以下行为: 1、以任何形式拒绝履行活动要求; 2、未及时在平台规定时限内完成所应承担的营销资金支付

子任务 2 对比不同促销活动的内容和玩法

不同促销活动的内容和玩法各不相同。例如,抖音平台的"好物直播间"活动是平台给各行业符合门槛的头部创作者(包括达人和直播商家)提供运营支持或货品补贴,助力其在大促期间冲刺,实现目标跃迁。

小李在两个不同的直播平台官网进行了解后,各选择了一种促销活动进行具体的学习,接下来需要深入了解这两种促销活动的内容和玩法。小李可以查看直播平台官网对促销活动的介绍，形成一份不同促销活动的内容和玩法整理表（见表 7-12）。

表 7-12　不同促销活动的内容和玩法整理表

平台	促销活动名称	活动内容	活动玩法
抖音	2023 年抖音"3.8 好物节"活动	1．福利发放：活动期间将发放平台多梯度消费券、每满减等多种平台福利及补贴； 2．优质内容推荐：活动期间平台将挖掘并重磅打造"大咖直播间、好物直播间"等多种优质短视频、直播间内容，引领大众消费趋势； 3．专属好物：结合客户购买需求，精选特色好物、好礼，满足客户的多样化购物需求	跨店每满减（商家出资）优惠分摊 活动商品会绑定每满减活动，由商家承担全部让利/补贴，客户凑单达到满减门槛，即可享受满减额度。 单个商家承担的成本将根据商品金额在订单总金额中的占比来定，举例如下（假设促销力度为每满 150 元减 20 元）。 1）单笔订单合计 150 元，共 2 个商品，价格分别为 120 元和 30 元 客户付款为 150-20=130（元） 商家承担让利/补贴为 20 元，商品对应订单分摊成本为： 120 元商品对应订单分摊成本=120/150×20=16（元） 30 元商品对应订单分摊成本=30/150×20=4（元） 2）如果参与每满减活动的商品，单笔订单超过 150 元，且订单中只有 1 个商品，则该商家承担全部让利/补贴

头脑风暴

请同学们思考，直播客服人员在大促期间服务客户时需要注意哪些方面。

任务拓展

请同学们结合任务描述及任务实施的内容，对抖音平台的促销活动进行内容和玩法的梳理，整个过程需要符合以下要求：

1．结果以表格形式呈现；
2．对内容、玩法进行总结。

任务工单 7-3

任务工单 7-3 如图 7-3 所示。

项目名称：	任务名称：
学号：	姓名：

任务描述
某美妆品牌精研彩妆领域，主要通过线下渠道开展销售，凭借过硬的品质赢得了优质的口碑，塑造了专业化、时尚化、年轻化的品牌形象。为扩大品牌知名度，该美妆品牌开通了抖音店铺，准备参加抖音平台的特色业务及促销活动。在组织架构上，该美妆品牌建立了直播电商团队，其中包括主播部、销售部、运营部、客户服务部等。在客户服务部里，由于新入职的直播客服人员对抖音平台的促销活动不太熟悉，所以这些直播客服人员接下来将围绕抖音平台的促销活动开展学习，并完成汇总、整理。

任务实施

任务一：探究促销活动的分类

登录抖音平台的官网，进入平台学习中心，搜集不同的促销活动，整理出促销活动的名称及类别，填写在下表中。

促销活动名称	活动所属类别

任务二：对比不同促销活动的内容和玩法

通过查阅抖音官网资料，在任务一中的促销活动中任选两种，对其内容和玩法进行对比，将结果填写在下表中。

促销活动名称	内容	玩法

教师点评

图 7-3　任务工单 7-3

任务评价

基于学生在学习、探究、训练时的课堂表现及完成结果，参照表 7-13 所示的考核内容及要求对学生进行评分，每条考核内容及要求的分值为 10 分，学生总得分=30%×学生自评得分+30%×教师评价得分+40%×企业评价得分。

表 7-13 学生考核表（二十一）

类别	考核项目	考核内容及要求	学生自评得分（30%）	教师评价得分（30%）	企业评价得分（40%）
技术考核	质量	能够阐述出直播平台的促销活动			
		能够复述出直播平台促销活动的类别			
		举例复述出不同促销活动的内容和玩法			
		掌握了解直播平台促销活动内容的途径			
		能够区分不同的促销活动			
		能够整理不同促销活动的内容和玩法			
非技术考核	态度	学习态度认真、细致、严谨，讨论积极，发言踊跃			
	纪律	遵守纪律，无无故缺勤、迟到、早退行为			
	协作	小组成员间合作紧密，能够互帮互助			
	文明	合规操作，不违背平台规则、要求			
总计					

存在的问题	解决问题的方法

项目八

使用直播客服常用工具

项目情景

小李在参加培训时了解到，直播客服人员需要通过直播客服工具与客户进行沟通。作为一名金牌直播客服人员，更要熟练掌握各个平台直播客服工具的操作，以实现与客户的有效沟通，也便于更加高效地开展客服工作。为了深入了解不同直播客服工具的属性功能，小李向客服主管请教，希望了解更详细的直播客服工具的内容。

学习目标

知识目标
1. 了解直播客服常用工具，熟悉各大工具的操作界面及基本功能；
2. 认识飞鸽工作台、火烈云客户端的常用功能。

能力目标
1. 能够整理出一份直播客服工具对比分析清单；
2. 能够完成直播客服工具常用功能的设置。

素养目标
具备科技创新思维，以科技赋能客户服务，持续提升客户体验。

任务预览

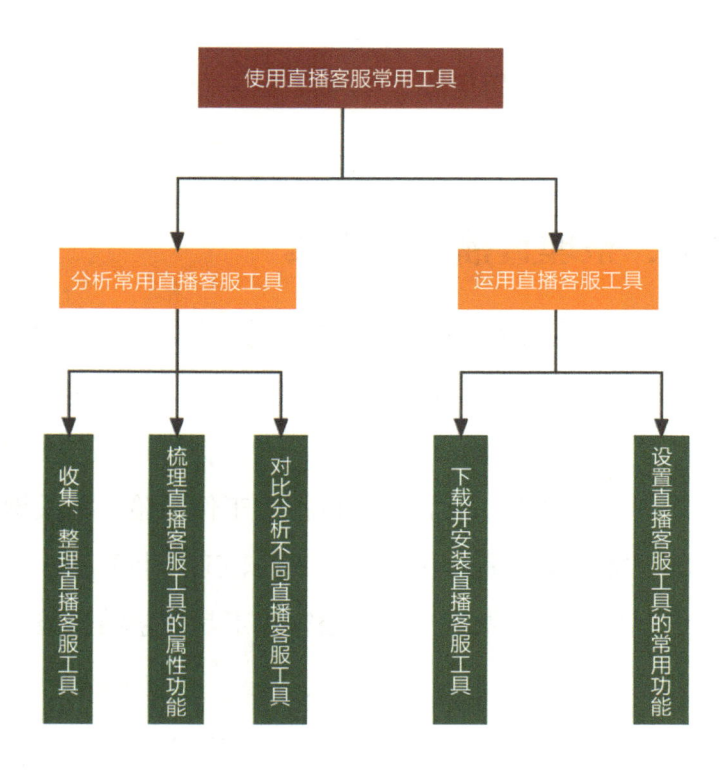

```
                使用直播客服常用工具
                ├──────────────┬──────────────┤
         分析常用直播客服工具              运用直播客服工具
         ┌──────┬──────┐              ┌──────┬──────┐
      收集、  梳理直  对比分            下载并  设置直
      整理直  播客服  析不同            安装直  播客服
      播客服  工具的  直播客            播客服  工具的
      工具    属性功  服工具            工具    常用功
              能                              能
```

任务一　分析常用直播客服工具

任务描述

直播客服人员小李在向客服主管请教后，发现对直播客服工具的学习不是一朝一夕就能完成的，熟练运用直播客服工具的前提是了解并分析常用直播客服工具。小李对常用的直播客服工具展开了分析。

通过对本任务的学习，请同学们基于小李的任务情境，帮助她分析常用的直播客服工具，并选择合适的直播客服工具。

任务目标

1. 认识常见的直播客服工具；
2. 对比分析常用的直播客服工具；
3. 具备借助工具解决问题的能力。

任务准备

1. 准备好网络搜索工具；
2. 确保网络和电脑设备正常且稳定。

任务实施

子任务 1　收集、整理直播客服工具

直播平台为了提升直播客服人员的工作效率，会借助一些常用的直播客服工具。比如，抖音小店会借助飞鸽工作台或者火烈云客户端来开展客户接待工作，提高客户咨询的响应率，提升客户咨询服务体验。

小李现在要借助网络的搜索功能，结合自己以往的工作经验，用关键词"直播客服工具"搜索出目前市场上常用的直播客服工具，从工具适用性、工具上手度、工具普及率、工具使用评价等维度对搜索结果进行筛选，并做出一个直播客服工具搜索结果整理表（见表8-1）。

表 8-1　直播客服工具搜索结果整理表

序号	工具名称	选择理由
1		
2		
3		
4		

子任务 2　梳理直播客服工具的属性功能

为了满足不同使用群体的需求，不同直播客服工具在属性功能上有所不同。比如，飞鸽工作台侧重于客户的接待服务，火烈云客户端侧重于客户关系管理的工作。

小李在对搜索结果进行筛选后，整理出一些常用的直播客服工具。如果要判断哪一款工具适合当前企业使用，还需要深入了解各直播客服工具的属性功能。小李通过查看官网介绍、体验/试用直播客服工具，整理出一份直播客服工具的属性功能分析表（见表8-2）。

表 8-2　直播客服工具的属性功能分析表

序号	工具名称	特点	属性功能
1			
2			
3			
4			

子任务 3　对比分析不同直播客服工具

要判断一款直播客服工具是否适合当前企业使用，需要综合考虑多种因素，一般可以从工具适用的直播电商平台、工具使用难易度、工具使用成本、客服业务满足度等维度进行研判。

小李基于前两个子任务的结果，从工具适用的直播电商平台、工具使用难易度、工具使用成本、客服业务满足度四个方面，对不同直播客服工具进行对比分析，分析结果如表 8-3 所示。

表 8-3　不同直播客服工具对比分析结果

工具名称	分析维度			
	工具适用的直播电商平台	工具使用难易度	工具使用成本	客服业务满足度

头脑风暴

请同学们基于小李的三个子任务的结果，结合小李所在公司的实际业务，通过研讨分析，帮助小李选择一款直播客服工具，并阐述清楚选择该工具的理由。

选择的工具：_____

选择理由：_____

_____

_____

_____

_____

_____

_____

任务拓展

请同学们结合任务描述及任务实施的内容，针对抖音、快手、视频号等直播平台，对比分析常用的直播客服工具，主要任务如下：

1. 整理市场上直播平台常用的直播客服工具清单；
2. 梳理各个直播平台常用的直播客服工具的属性功能；
3. 对比分析各个直播平台的直播客服工具，将分析结果以表格方式呈现。

任务工单 8-1

任务工单 8-1 如图 8-1 所示。

项目名称：		任务名称：	
学号：		姓名：	
任务描述			
林凡是某校电子商务专业的学生，经营一家以休闲零食为主营产品的抖音小店。由于开店不久，林凡对抖音平台常用的直播客服工具不熟悉，在与客户交流的过程中，出现了回复不及时等问题。他决定利用闲暇时间对抖音平台的常用直播客服工具进行学习，以便为客户提供更好的服务。			

图 8-1　任务工单 8-1

任务实施

任务一：整理抖音平台的直播客服工具

利用网络搜索抖音平台的直播客服工具，从工具适用性、工具上手度、工具普及率、工具使用评价等维度对搜索结果进行筛选，将结果填写在下表中。

序号	工具名称	选择原因

任务二：梳理抖音平台直播客服工具的特点和属性功能

通过查看官网介绍、体验/试用直播客服工具，将直播客服工具的特点和属性功能填写在下表中。

工具	特点	属性功能

任务三：对比分析不同的直播客服工具

基于前两个任务的结果，从工具适用的直播电商平台、工具使用难易度、工具使用成本、客服业务满足度四个方面，对不同的直播客服工具进行对比分析，将分析结果填写在下表中，并基于对比分析内容，在横线上填写最终选择的直播客服工具。

分析维度	分析结果
工具适用的直播电商平台	
工具使用难易度	
工具使用成本	
客服业务满足度	

选择的直播客服工具：_____

教师点评

图 8-1　任务工单 8-1（续）

任务评价

基于学生在学习、探究、训练时的课堂表现及完成结果，参照表 8-4 所示的考核内容及要求对学生进行评分，每条考核内容及要求的分值为 10 分，学生总得分=30%×学生自评得分+30%×教师评价得分+40%×企业评价得分。

表 8-4　学生考核表（二十二）

类别	考核项目	考核内容及要求	学生自评得分（30%）	教师评价得分（30%）	企业评价得分（40%）
技术考核	质量	能够复述出常见的直播客服工具			
		能够阐述出直播客服工具的主要功能			
		能够整理直播客服工具的属性功能分析表			
		能够收集整理不同直播平台的直播客服工具			
		能够梳理不同直播客服工具的属性功能			
		能够对比分析不同直播客服工具			
非技术考核	态度	学习态度认真、细致、严谨，讨论积极，发言踊跃			
	纪律	遵守纪律，无无故缺勤、迟到、早退行为			
	协作	小组成员间合作紧密，能够互帮互助			
	文明	合规操作，不违背平台规则、要求			
总计					

存在的问题	解决问题的方法

任务二 运用直播客服工具

任务描述

能够使用直播客服工具是直播客服人员的必备技能，使用直播客服工具的熟练程度将大大决定其工作的效率。小李在之前的学习中，已经熟悉了各种直播客服工具，接下来她需要熟练运用直播客服工具。

通过对本任务的学习，请同学们基于小李的任务情境，帮助她下载并安装直播客服工具，以及设置直播客服工具的常用功能。

任务目标

1. 下载并安装直播客服工具；
2. 设置直播客服工具的常用功能；
3. 具备创新思维，能够将新技术应用在客服工作中。

任务准备

1. 准备好网络搜索工具；
2. 确保网络和电脑设备正常且稳定。

任务实施

子任务1 下载并安装直播客服工具

小李在运用直播客服工具之前，需要下载并安装直播客服工具。小李通过查阅相关资料，决定先试着进行直播客服工具的下载及安装。

头脑风暴

请同学们思考如何寻找直播客服工具的官方下载途径，将不同直播客服工具的下载途径填写在表 8-5 中。

表 8-5 不同直播客服工具的下载途径

序号	直播客服工具	下载途径
例	飞鸽客服系统	飞鸽官网
1		
2		
3		

下载并安装直播客服工具的步骤和模块二中在线商城客服工具的下载及安装步骤大致相似，都是先进入官方下载网站，根据电脑配置选择适合的软件版本，按照页面提示完成下载；再按照系统提示一步步进行软件安装，在安装完成后，单击直播客服工具的图标进入"登录"页面，在"登录"页面任选一种登录方式（密码登录或扫码登录），进入工具首页，根据自己的需求进行一些功能设置，如常用应用添加、设置工作界面风格等。

课堂小练

小李在抖音电商学习中心学习了飞鸽客户端的下载及安装步骤，请同学们帮助小李整理飞鸽客户端的下载及安装步骤，并将完成结果填在表 8-6 中。

表 8-6 飞鸽客户端的下载及安装步骤

序号	步骤	完成结果
1		
2		
3		
4		

在完成直播客服工具的下载及安装后，需要熟悉各个工作界面的菜单及子菜单，并详细了解各个菜单下的功能。比如飞鸽工作台，飞鸽工作台的工作界面包括导航栏和会话界面，会话界面包括会话列表、会话窗口和右侧工作台，用于接待咨询的买家。

再如火烈云客户系统，其是便捷的 SAAS 客服系统。火烈云客户系统有多种功能，包括控制台、即时通信、机器人、访客管理、对话记录、客户管理、系统设置。

子任务 2 设置直播客服工具的常用功能

小李在下载并安装直播客服工具之后，需要对直播客服工具的常用功能进行设置。

头脑风暴

请同学们思考直播客服工具的常用功能有哪些，并将选择理由填写在下方的横线上。

常用功能：_____

选择理由：_____

_____

_____

_____

_____

_____

小李通过学习直播客服工具手册，设置了直播客服工具的常用功能，其中包括接待状态设置、最大接待人数设置、快捷短语设置、客服分组功能设置。

1. 接待状态设置

接待状态代表着直播客服人员目前的工作状态，如在线、离线等。小李按照这样的操作对接待状态进行了设置：单击直播客服人员的头像，在出现的下拉菜单中选择在线状态，这里可以设置的状态有在线、小休、离线，也可以选择退出账号。

小李对接待状态进行了设置，将完成结果填写在了表 8-7 中。

表 8-7 接待状态设置

序号	接待状态	完成结果 （若完成，则填写"完成"；若未完成，则填写具体问题）
例	在线	未设置成功：页面不显示
1		
2		

2. 最大接待人数设置

如果直播客服工具的主账号设置了最大接待人数，并支持直播客服人员自助修改，那么直播客服人员可以在会话界面单击头像下方的"最大接待人数"，按照需求自主修改即可。

小李对最大接待人数进行了设置，将完成结果填写在了表8-8中。

表8-8 最大接待人数设置

最大接待人数	完成结果 （若完成，则填写"完成"；若未完成，则填写具体问题）
5人	完成

3. 快捷短语设置

对直播客服人员来说，快捷短语设置就是将常见问题的回复话术进行预设、存储，当需要时，直接将提前准备好的话术发送，无须重复打字，既可以减少工作量，又可以提升工作效率。

在接待客户之前，直播客服人员可以按照以下步骤来操作：依次进入"客服管理""客服工具""快捷短语"，设置个人快捷短语和团队快捷短语。直播客服工具支持新建短语、为短语增加分组、管理分组、批量导入/导出短语、搜索短语、批量从快捷短语模板库导入等功能。

小李为直播客服工具设置了快捷短语，并为短语增加分组，将完成结果填写在了表8-9中。

表8-9 快捷短语设置

序号	快捷短语分组	快捷短语	设置完成情况 （若完成，则填写"完成"；若未完成，则填写具体问题）
例	问候语	您好，欢迎光临本小店，很高兴为您服务，有什么需要我帮忙的吗	未完成，使用时不显示
1			
2			
3			

4. 客服分组功能设置

客服分组功能是指将直播客服人员进行接待分组，一个直播客服人员可以被分在一个或多个客服组里。常见的直播客服工具支持按照客服分组进行分流设置，在转接会话时，可以直接选择"转接到组"，不必再选择具体的直播客服人员，这样的直播客服工具更适合客服接待场景。另外，如果需要管理全部直播客服人员的分组情况，可以按照"客服管理"→"分流排队"→"访客分流"→"全部客服"来进行具体的设置。

小李对直播客服工具的客服分组功能进行了设置，将完成结果填写在了表 8-10 中。

表 8-10 客服分组功能设置

序号	操作步骤	完成结果 （若完成，则填写"完成"；若未完成，则填写具体问题）
1		
2		
3		
4		

课堂小练

小李通过对飞鸽工作台的操作，已熟悉了其工作界面的主要内容及其具体的操作过程，现在她要着手进行客服常用功能的设置了。她需要完成接待状态、最大接待人数、快捷短语及客服分组功能的设置。请同学们登录飞鸽工作台，帮助小李完成客服常用功能的设置，并将相关内容填写在表 8-11、表 8-12、表 8-13、表 8-14 中。

1. 接待状态设置

表 8-11 接待状态设置的内容

序号	操作步骤	完成结果
1		
2		
3		

2. 最大接待人数设置

表 8-12 最大接待人数设置的内容

序号	操作步骤	完成结果
1		
2		
3		

3. 快捷短语设置

表 8-13　快捷短语设置的内容

序号	操作步骤	完成结果
1		
2		
3		

4. 客服分组功能设置

表 8-14　客服分组功能设置的内容

序号	操作步骤	完成结果
1		
2		
3		

经验之谈

一、接待状态设置

如果"当前会话"列表中仍有未关闭的会话，切记不要设置成离线状态，否则会导致该会话的三分钟回复率指标受影响。

二、最大接待人数设置

接线量上限为 999 个客户，即一个直播客服人员最多可同时接待 999 个客户，可近似为所有客户自动接入人工客服，不需要排队等待。

三、快捷短语设置

快捷短语支持单个直播客服人员设置和团队设置，可以导出或者导入；最多可以设置 1200 条，单条字数上限为 500 字；快捷短语设置支持联想输入功能，即直播客服人员输入关键字，系统会自动联想、匹配可能性最高的快捷短语。

任务拓展

请同学们结合任务描述及任务实施的内容，进入飞鸽工作台的工作界面，完成客服会话模块中的"搜索客户"和"星标客户"设置，整个过程需要符合以下要求：

1. 能够流畅地进入"搜索客户"和"星标客户"页面；
2. 按需给客户标记红、橙、蓝、绿 4 种颜色的星标。

任务工单 8-2

任务工单 8-2 如图 8-2 所示。

项目名称：		任务名称：
学号：		姓名：
任务描述			
林凡是某校电子商务专业的学生，经营一家以休闲零食为主营产品的抖音小店。由于开店不久，林凡对抖音平台的常用直播客服工具不熟悉，在与客户交流的过程中，出现了回复不及时等问题。他决定利用闲暇时间对抖音平台的常用直播客服工具进行学习，以便为客户提供更好的服务。他现在需要完成直播客服工具的下载、安装，以及常用功能的设置。			
任务实施			

任务一：下载并安装直播客服工具

通过网络搜索的方式，进入平台官网，完成直播客服工具的下载及安装，并梳理出安装的具体步骤，填写在下表中。

步骤	步骤内容
步骤 1	
步骤 2	
步骤 3	
……	

任务二：设置直播客服工具的常用功能

进入直播客服工具的工作界面，结合本任务所学内容或通过网络搜索资料的方式，完成直播客服工具常用功能的设置，并将主要的操作步骤填写在下表中。

功能名称	功能设置的操作步骤
	步骤 1： 步骤 2： 步骤 3：
	步骤 1： 步骤 2： 步骤 3：
	步骤 1： 步骤 2： 步骤 3：

教师点评

图 8-2 任务工单 8-2

任务评价

基于学生在学习、探究、训练时的课堂表现及完成结果,参照表 8-15 所示的考核内容及要求对学生进行评分,每条考核内容及要求的分值为 10 分,学生总得分=30%×学生自评得分+30%×教师评价得分+40%×企业评价得分。

表 8-15 学生考核表(二十三)

类别	考核项目	考核内容及要求	学生自评得分(30%)	教师评价得分(30%)	企业评价得分(40%)
技术考核	质量	能够复述出直播客服工具的下载途径			
		能够复述出直播客服工具的常用功能			
		能够完成直播客服工具的下载及安装			
		能够完成接待状态的设置			
		能够完成最大接待人数的设置			
		能够完成快捷短语及客服分组功能的设置			
非技术考核	态度	学习态度认真、细致、严谨,讨论积极,发言踊跃			
	纪律	遵守纪律,无无故缺勤、迟到、早退行为			
	协作	小组成员间合作紧密,能够互帮互助			
	文明	合规操作,不违背平台规则、要求			
总计					

存在的问题	解决问题的方法

企业课堂

快手发布《电子商务智能客服技术要求》，持续提升商户和客户的体验

为了进一步优化商户和客户的体验，提升服务竞争力，2022年8月26日，快手推出了《电子商务智能客服技术要求》，从体系架构、配置要求、知识库、服务流程和技术指标等方面提出了智能客服的技术要求，用于智能客服系统的设计、开发和运营。

该要求指出，电商智能客服基于人工智能技术，与传统的人工客服相互配合，能够帮助商户节省人力投入，并为客户提供更好的服务，从而提升购买率，推动良好的客户关系管理。

据了解，电商智能客服可覆盖两种场景：基于客户消息的电商智能客服针对客户的输入，包括传统客服聚合入口的输入和直播间的公屏评论，根据商户和系统配置进行识别、分析及处理；基于事件驱动的电商智能客服可以根据外部系统输入的事件，如交易系统输入的下单未支付事件、CRM系统输入的圈人促销事件等，触发相应的识别及应对。

目前，快手电商智能客服系统已经在多个实际场景中得到有效应用。此前，快手电商上线行业首个"直播间尺码助手"功能和"直播间客服半屏咨询"功能，利用算法快速链接客户问题和尺码配置，实现秒速响应，提高了直播间效率，促进了支付转化。为了进一步提升客户的购物体验，快手电商还上线了"直播间自助查询物流"功能，后续还将推出自助催发货、修改地址等多项功能。

此次发布《电子商务智能客服技术要求》，意味着电商平台正通过系统化、规范性的梳理和沉淀，将电商智能客服的最佳实践升级为企业标准，巩固了电商智能客服的技术优势，推动电商智能客服持续优化发展，促进客户和商户的体验不断提升。

项目九

做好直播客服售后工作

项目情景

在直播客服工作中,售后服务的优劣影响客户的满意程度,因此作为直接面对客户的直播客服人员,就需要做好售后服务。

小李在日常生活中,有过在观看购物直播后联系直播客服人员解决问题的经历,但是对于直播客服人员该如何处理客户的售后问题,不知道从哪里入手。小李深知,想要做好直播客服售后工作,自己还需要进一步学习,从而全方位地掌握直播客服售后工作的技巧。

学习目标

知识目标

1. 熟悉直播客服售后工作的技巧;
2. 明确客户投诉的原因;
3. 了解维护私域流量的途径和挖掘私域流量客户价值的方式。

能力目标

1. 能够掌握直播客服售后工作的技巧;
2. 能够分析及妥善处理客户投诉;
3. 能够维护私域流量。

素养目标

具备个人信息保护意识,保障客户的信息安全。

任务预览

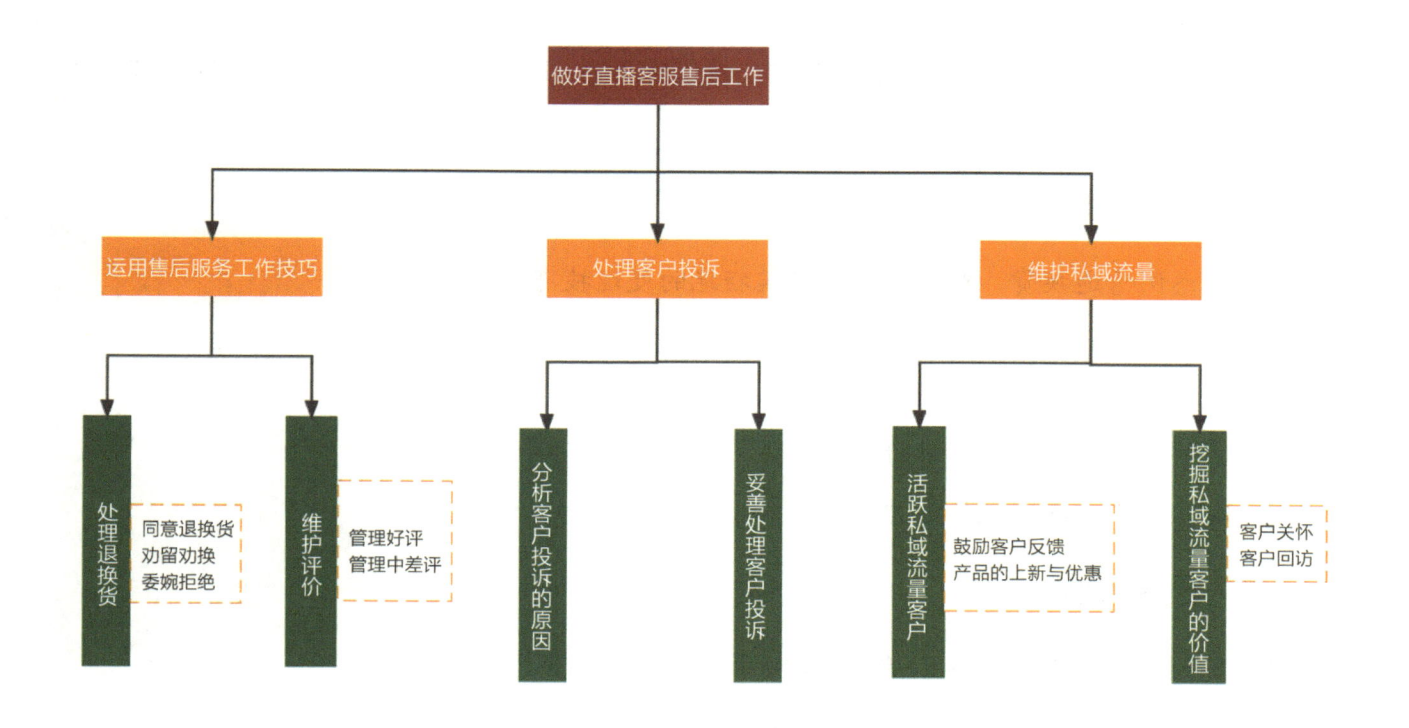

```
            做好直播客服售后工作
    ┌───────────────┼───────────────┐
运用售后服务工作技巧    处理客户投诉        维护私域流量
    ┌───┴───┐       ┌───┴───┐       ┌───┴───┐
  处理    维护     分析    妥善     活跃    挖掘
  退换货   评价    客户    处理     私域    私域
         投诉    客户     流量    流量客户
         的原因   投诉     客户    的价值
  同意退换货  管理好评   鼓励客户反馈   客户关怀
  劝留劝换   管理中差评   产品的上新与优惠  客户回访
  委婉拒绝
```

任务一　运用售后服务工作技巧

任务描述

小李经过一段时间的培训，熟悉了直播客服人员的部分工作。在正式工作后，面对客户出现的各种售后问题，小李做了解答，但还不够完善，决定向直播客服组组长进行请教。小李回忆起了那天接待一位客户的情景，以下是他们的对话内容。

夏女士：在吗？

小李：欢迎光临茶叶官方旗舰店，亲亲，您好，很高兴为您服务。请问有什么可以为您服务的？

夏女士：我买的茶叶想换一下。

小李：亲亲，是订单编号为6388288020112的那件商品吗？

夏女士：嗯。

小李：亲亲，是什么原因导致您要更换呢？

227

夏女士：我买错了，想要红茶，买成绿茶了。

小李针对上述情况请教直播客服组组长。

通过对本任务的学习，请同学们基于小李的任务情境，帮助她整理出直播客服售后工作的技巧。

任务目标

1．熟悉同意退换货、劝留劝换、委婉拒绝的处理技巧；
2．熟悉维护评价的处理技巧；
3．能够正确处理客户的退换货问题；
4．能够正确维护客户的评价；
5．具备灵活处理问题的能力。

任务准备

1．确保网络和电脑设备正常且稳定；
2．准备好笔记本，方便在学习过程中进行记录；
3．提前对直播客服售后工作的技巧进行初步了解，对有疑惑或者不清楚的内容进行记录。

任务实施

子任务1 处理退换货

在直播时，很多主播会用"送运费险"、支持"七天无理由退换货"等方式吸引客户下单购买，这样就在无形中提高了商品的退换货率。退换货成为直播客服人员经常遇到并需要妥善处理的问题。作为直播客服人员，其处理退换货的态度主要分为同意退换货、劝留劝换、委婉拒绝。

活动1：同意退换货

出现退换货的原因有很多，常见的原因有质量问题、商家发错货等，合理且及时地处理与跟进退换货问题，可大大降低退换货率。

在接到客户由于质量问题而提出的退换货申请时，首先要明确态度，表达歉意，平复客户的情绪；其次要诚恳地与客户进行沟通，请客户提供照片等表明商品存在质量问题的凭证，与客户进行协商，并做好记录。在接到客户由于质量问题而提出的退换货申请时，可根据客户要求先查明原因，如果符合换货条件，则立即为客户进行换货，同时做好备注。

小李根据任务描述中的情境，同意了客户的退换货请求，整理出同意客户退换货的技巧（见表9-1），并根据客户订单信息进行客户退换货信息登记表（见表9-2）的填写。

表9-1 同意客户退换货的技巧

态度	注意问题		话术
同意退换货	可根据客户要求先查明原因，如果符合退换货条件，则立即为客户退换货，同时做好备注	话术1	亲，实在对不起哦，原因是仓库那边的小哥在发货时没仔细看，您申请一下退货，这边马上给您处理好吗？麻烦亲了哦
		话术2	

表9-2 客户退换货信息登记表

订单编号	
货物名称	
客户信息	
退换货原因	

活动2：劝留劝换

在遇到退换货问题时，还可以针对具体情况劝客户自留，直播客服人员首先需要与客户详细沟通，通过提供一定的优惠或赠品等方式，劝客户留下商品。如果是客户自身的原因，或需要客户承担退换货运费，可明确告知客户退换货条件及运费问题，让其权衡利弊。

小李根据任务描述中的情境，劝客户自留下商品，整理出劝留劝换的技巧（见表9-3）。

表9-3 劝留劝换的技巧

态度	注意问题		话术
劝留劝换	提供一定优惠或赠品，劝客户留下商品	话术1	亲，这款商品的销量特别好，您可以考虑将它留下，我这边可为您申请一份小礼物，您看可以吗
		话术2	

活动3：委婉拒绝

在直播活动中，有些商品是不支持退换的，如个性化定制类商品、生鲜类商品等。当遇到这种情况时，直播客服人员可以向客户解释不接受其退换货申请的原因，获得客户的理解，并适时地加以引导挽留，或赠送优惠券，为下一次交易创造机会。

在任务描述中，由于客户要求退换的茶叶是个性化定制类商品，不支持退换货，因此小李需要整理出委婉拒绝的技巧（见表9-4）。

表9-4　委婉拒绝的技巧

态度	注意问题	话术	
委婉拒绝	向客户解释不接受其退换货申请的原因，期望获得客户的理解	话术1	亲，个性化定制类商品是不支持退货的哦，希望亲能理解，送您一张代金券吧，可在下次购买时使用哦
		话术2	

课堂小练

根据以下客户与小王的对话记录，请同学们在同意退换货、劝留劝换、委婉拒绝三种处理方式中任选一种，帮助小王妥善处理退换货。

陈先生：在吗？

小王：欢迎光临尚艺服饰小店，亲亲，您好，很高兴为您服务。请问有什么可以为您服务的？

陈先生：你们有没有搞错啊？我拍的是L号的衣服，你们发的是2XL号，这怎么穿啊？

小王：亲亲，是订单编号为546457457457457的那件商品吗？

陈先生：是啊。

针对以上情境，同意退换货的注意问题及话术如表9-5所示。

表9-5　同意退换货的注意问题及话术

态度	注意问题	话术	
同意退换货		话术1	
		话术2	

针对以上情境，劝留劝换的注意问题及话术如表9-6所示。

表9-6　劝留劝换的注意问题及话术

态度	注意问题	话术	
劝留劝换		话术1	
		话术2	

针对以上情境，委婉拒绝的注意问题及话术如表9-7所示。

表 9-7　委婉拒绝的注意问题及话术

态度	注意问题	话术
委婉拒绝		话术 1
		话术 2

子任务 2　维护评价

处理退换货是小李处理售后问题的一个方面，除此之外，她还需要对客户的评价进行维护。在直播平台中，商家和主播都很关注自己的信誉，因此对客户的评价也越来越重视。直播客服组组长最近安排给小李一项任务，要求其对近期的客户评价进行维护。小李对客户评价进行了查看，以下几条评价引起了小李的注意。图 9-1 所示、图 9-2 所示、图 9-3 所示分别是客户对店铺的好评、中评、差评。

> 质量好、味道香，可以多次续水冲泡。价格还实惠，非常满意，非常正规，香味浓郁，色泽金黄，口感温润，清香淡甜，店家服务态度好，发货及时，很满意的一次购物

图 9-1　客户对店铺的好评

> 外观品相：与卖家图片不一样，偏黄。口感味道：一般

图 9-2　客户对店铺的中评

> 味道一般，颗粒非常小，还有好多碎末，我在超市买的比这个产品大一倍，价格还差不多，因嫌麻烦不想退，太失望，不建议买。

图 9-3　客户对店铺的差评

作为直播客服人员，无论对待何种评价，都要保持客观的态度，积极进行管理。维护评价一般分为管理好评和管理中差评。

活动 1：管理好评

好评不但有助于提升店铺的评分，向客户证明店铺较强的综合实力，还有助于直播间获取更多的流量。对于客户的好评，直播客服人员首先应及时回复，让客户感受到被重视和尊重，这样做能向新访客传递店铺的理念和文化，让其对店铺产生好感和信任；其次对客户的好评表示感谢；最后表达对客户再次光临的期待。除此之外，直播客服人员还可对客户发布的非匿名的有图/有视频的评价进行"加精"，精选的评价将被放在商品详情页买家秀模块展示。

小李针对图 9-1 所示的好评，整理了维护方式及话术表达，将结果填在了表 9-8 中。

表 9-8　好评的维护方式及话术表达

维护方式	话术表达	
表示感谢	话术 1	您的肯定是我们前进的动力，感谢您一如既往地支持我们，我们将不断改进，以回报您的厚爱
	话术 2	

知识链接

评价管理的内容

一、好评管理

好评不但有助于提升店铺的 DSR（卖家服务评级系统）评分，向客户证明店铺拥有较强的综合实力，还有助于店铺在平台推广曝光中获得优先展示的机会，让客户树立购买信心，促进店铺转化率的提升。直播客服人员对好评进行回复，会让客户感受到被重视和尊重，能向新访客传递店铺的理念和文化，让其对店铺产生好感和信任。

二、中差评管理

中差评不但会降低店铺的 DSR 评分、有损店铺形象，使店铺在搜索排名、推广展示中权重降低、丧失优势，还会使店铺失去一些平台活动的报名机会。另外，中差评会严重影响客户对店铺的好感和信任度，直接让部分客户打消下单购买的想法，降低店铺的转化率。因此，中差评管理是评价管理的重点，需要商家高度重视、认真对待。正确管理中差评，不仅可以减少负面影响，还可以有效防止客户流失。

活动 2：管理中差评

中差评不但会降低店铺的评分、有损店铺的形象，还会严重影响客户对店铺的好感，使部分客户打消购买的想法。因此，中差评管理是维护评价的重点，需要直播客服人员做一些必要的工作，如及时进行沟通、主动承认错误、致歉表达态度，接下来还需要了解客户给差评的原因，并做出合理解释和必要补偿，恳请客户在追加评价时澄清，减轻负面评论的影响，具体流程如图 9-4 所示。

小李针对图 9-2、图 9-3 所示的评价，整理了中差评的维护方式及话术表达，将结果填在了表 9-9 中。

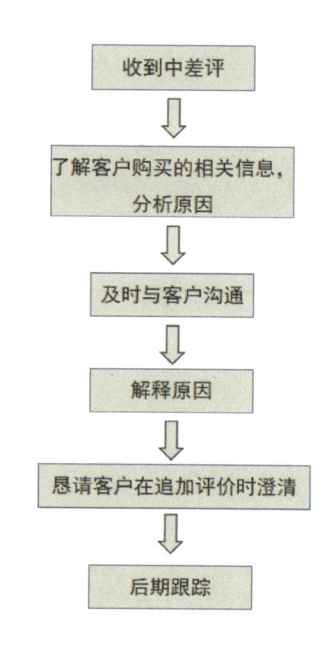

图 9-4　处理中差评的流程

表 9-9　中差评的维护方式和话术表达

评价类型	维护方式		话术表达
中评	表达歉意	话术 1	感谢亲的反馈，我们珍视每一位来店的客户，期待能够给您提供更好的服务
		话术 2	
差评		话术 1	
		话术 2	

头脑风暴

请同学们根据下列客户评价的情况，梳理出直播客服人员维护评价的措施，填入表 9-10、表 9-11 中。

1. 在收到洗衣液的时候，袋子破了，联系客服人员，客服人员说补发一次，半个月了也没收到，太差劲。

表 9-10　针对情况 1 的维护评价的措施

评价类型	维护评价的措施

2. 上次买过一件加绒的卫衣，这次买一件不加绒的内搭，春天穿刚好，颜色也喜欢。

表9-11　针对情况2的维护评价的措施

评价类型	维护评价的措施

知识链接

评价管理的作用

做好评价管理、提高好评率，有助于树立店铺形象，提升直播间的人气和粉丝黏性，进而增加产品销量。

评价管理有以下作用。

一、获得好的宣传效果

直播电商中的商品评价是口碑营销的一种重要形式。口碑营销是指人们因对一种商品或服务拥有良好的感受，而主动将自己对商品或服务的感受传达给其他消费者，让其他消费者了解该商品或服务的过程。认真对待评价管理，通过口碑营销，可以获得良好的宣传效果。

二、提升老客户的满意度

对评价进行管理，客观地反映了商家的服务理念、服务态度等，从而提升老客户的满意度，维系好与老客户的关系。

三、获取准客户的信任

客户评价和卖家回复都客观、真实地反映了历史交易情况，可供新客户参考，好的评价及回复能够使店铺获得更多准客户的信任。

任务拓展

请同学们结合任务描述及任务实施的内容，对直播平台的退款方式及处理方法进行梳理，并完成相关内容的整理，整个过程需要符合以下要求：

1．结果以表格形式呈现；

2．对退款方式及处理方法的描述要完整。

任务工单 9-1

任务工单 9-1 如图 9-5 所示。

项目名称：		任务名称：	
学号：		姓名：	
任务描述			
某 3C 产品品牌多年来专注于音频技术的研究开发与产品应用，旗下产品线涵盖多媒体电脑音箱、家用音响、汽车音响、耳机等领域，素以卓越音质、优良做工和前瞻设计而闻名，产品屡获国际权威大奖，在业内有着极高的知名度和良好口碑。随着网络逐渐成为产品的购买渠道，该品牌入驻了抖音电商，越来越重视线上运营。近期在冲击高端市场时，由于运营的失误，该品牌出现了一系列的售后问题。客服主管决定对所有直播客服人员展开售后问题的专题培训，其内容主要包括运用售后服务工作技巧、处理客户投诉、维护私域流量。			
任务实施			

在售后服务工作技巧的培训方面，主要针对处理退换货和维护评价两个问题。

任务一：处理退换货

为了使直播客服人员更快速地学习到实践技巧，客服主管将直播客服人员与客户的对话内容作为案例来讲解，以下是对话内容。

魏先生：有人在吗？

直播客服人员：欢迎光临初步数码科技，亲亲，您好，很高兴为您服务。请问有什么可以为您服务的？

魏先生：你们这发的什么货啊？

直播客服人员：亲亲，抱歉让您有不愉快的购物体验。请问亲亲，是订单编号为××××的那件商品吗？

魏先生：是啊，你们把型号发错了，我要退货。

客服主管针对上述案例，要求直播客服人员在"同意退换货""劝留劝换""委婉拒绝"三种应对方式中选择一种，妥善处理退换货，并完成下列表格的填写。

1. 同意退换货

态度	注意问题	话术
		话术 1
		话术 2

2. 劝留劝换

态度	注意问题	话术
		话术 1
		话术 2

3. 委婉拒绝

态度	注意问题	话术
		话术 1
		话术 2

图 9-5 任务工单 9-1

任务二：维护评价

客服主管筛选了近期店铺的客户评价（评价1～评价3），在培训中作为典型进行展示，要求直播客服人员针对各条评价做出相应的维护，并完成下表的填写。

评价1

> 相机颜值真的特别高，送人非常好，照片质感比手机拍的好多了，很喜欢。

评价2

> 机身有污渍，电池仓上的痕迹明显，不过客服人员说污渍拿橡皮擦擦就好，电池仓有痕迹也正常，总体来说快递很快，包装挺好，成像也可以，就这样吧。

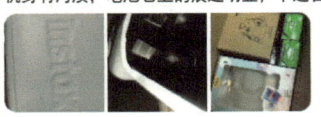

评价3

> 我对客服人员的整体回复很不满意，其没有兑现做出的承诺。产品使用不便，疑似包装不是原包装，有拆封痕迹。套餐溢价程度过高，不如单独购买。

序号	评价类型	维护方式	话术
评价1			话术1：
			话术2：
评价2			话术1：
			话术2：
评价3			话术1：
			话术2：

教师点评

图9-5　任务工单9-1（续）

任务评价

基于学生在学习、探究、训练时的课堂表现及完成结果，参照表 9-12 所示的考核内容及要求对学生进行评分，每条考核内容及要求的分值为 10 分，学生总得分=30%×学生自评得分+30%×教师评价得分+40%×企业评价得分。

表 9-12 学生考核表（二十四）

类别	考核项目	考核内容及要求	学生自评得分（30%）	教师评价得分（30%）	企业评价得分（40%）
技术考核	质量	能够阐述同意退换货的处理技巧			
		能够阐述劝留劝换的处理技巧			
		能够阐述委婉拒绝的处理技巧			
		能够阐述维护评价的处理技巧			
		能够正确处理客户的退换货问题			
		能够正确维护客户的评价			
非技术考核	态度	学习态度认真、细致、严谨，讨论积极，发言踊跃			
	纪律	遵守纪律，无无故缺勤、迟到、早退行为			
	协作	小组成员间合作紧密，能够互帮互助			
	文明	合规操作，不违背平台规则、要求			
总计					

存在的问题	解决问题的方法

任务二　处理客户投诉

任务描述

在客服岗位上工作一段时间后，小李在整理自己的客户订单时，发现每个月总有一些客户投诉的情况，如一位客户对店铺的商品和服务非常不满意，投诉到了直播平台。于是她仔细查看了这笔订单的聊天记录。

郑先生：你们卖的这是什么啊？

小李：欢迎光临茶叶官方旗舰店，亲亲，您好，很高兴为您服务。请问有什么可以为您服务的？

郑先生：我收到的货和直播间展示的商品的差距也太大了。

小李：亲亲，直播间展示的商品与实物是有色差的，还请您谅解。

郑先生：我不管，我没听到。

小李：亲亲，您消消气，您觉得如何处理才能让您满意呢？

郑先生：我等了这么久，收到的却是这样的商品，我要求退货。

小李：不好意思哦亲亲，您购买的茶叶盒属于个性化定制类商品，不支持退货呢，请您谅解。

郑先生一气之下给了差评，并投诉到了直播平台。

小李不知道如何处理客户的投诉。于是，她带着这些投诉资料请教直播客服组组长，请组长帮助她分析如何妥善处理客户投诉。

任务目标

1. 了解客户投诉的原因；
2. 熟悉处理客户投诉的流程；
3. 能够妥善处理客户投诉；
4. 具备正确处理问题的能力。

任务准备

1. 确保网络和电脑设备正常且稳定；

2．准备好笔记本，方便在学习过程中进行记录；

3．提前对处理客户投诉的内容进行初步了解，对有疑惑或者不清楚的内容进行记录。

任务实施

子任务 1　分析客户投诉的原因

在交易完成后，为了维护自己的利益，客户除了可以申请售后服务，还可以针对卖家的行为发起投诉。客户在收到商品后可能会由于各种原因对商家提出诉求，直播客服人员如果不能正确地处理客户的投诉，将给直播间及店铺带来极大的负面影响。

在直播平台购买商品的客户进行投诉的原因有很多，如商品质量问题、卖家发货不及时、商品在运送过程中出现损坏等，还有可能是客户的个人因素。直播客服人员只有了解客户投诉的真实原因，站在客户的立场进行思考，才能处理好问题。

小李对任务描述中的客户投诉进行了分析，将投诉产生的原因写在了下面的横线上。

投诉产生的原因：＿＿＿＿＿＿＿＿＿＿＿＿＿＿＿＿＿＿＿＿＿＿＿＿＿＿＿＿＿＿＿＿＿＿

＿＿

子任务 2　妥善处理客户投诉

直播客服人员必须重视客户的投诉，投诉处理质量直接影响店铺的销售和信誉。直播客服人员一般按照认真倾听客户投诉、记录投诉内容、分析原因、提出处理意见、反馈投诉结果、及时跟进服务的流程处理客户投诉。在处理过程中，直播客服人员需要运用一定的沟通技巧，如适时引导客户的情绪、转移话题等，同时可以运用以下话术来安抚客户的情绪："亲，抱歉了，我非常理解您此时的感受"，在引导客户提出解决方案时可以说："亲，您觉得如何处理这件事会令您满意呢"。

小李对任务描述中的客户投诉进行了分析，将处理客户投诉的流程写在图 9-6 中，并对任务描述中的投诉案例进行了记录，记录结果如表 9-13 所示。

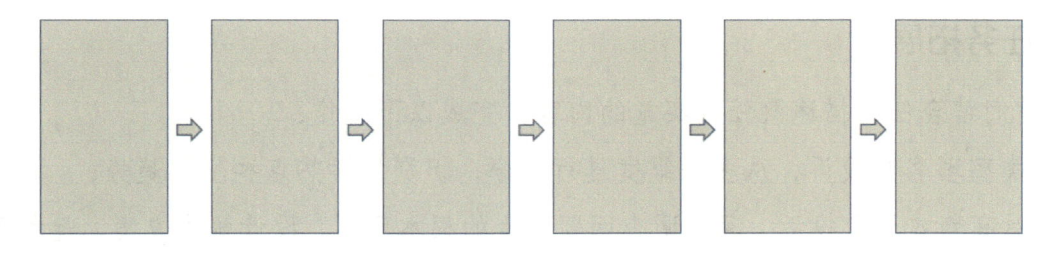

图 9-6　处理客户投诉的流程

表 9-13　客户投诉信息表

投诉时间		投诉人	
投诉商品			
解决方案			
客户反馈			

头脑风暴

请根据以下案例，总结出处理投诉的工作技巧，填写在表 9-14 中。

直播客服人员：喂，您好，请问是戴先生吗？

客户：我是戴××。请问你是哪位？找我有什么事？

直播客服人员：戴先生您好，我是××店的直播客服人员小慧。看到您刚刚投诉了小店，是什么原因呢？

客户：嗯，你们这速度倒是挺快的，我投诉完没多久你们就找到了我，效率还是挺高的！

直播客服人员：那是自然，您是小店的重要客户，您的看法就是小店的一面镜子，您有投诉，小店自然要在第一时间进行处理啊！

客户：嗯，不错，看在你们处理投诉的速度和态度上，我觉得可以坐下来谈谈。只要你们达到了我的要求，我就可以考虑撤销投诉。

表 9-14　处理投诉的工作技巧

序号	处理投诉的工作技巧
1	
2	
3	
4	

任务拓展

请同学们结合任务描述及任务实施的内容，完成以下工作：

1．分类整理客户投诉，从多个维度进行细分，识别投诉热点和变化趋势；

2．针对高频或严重投诉，深入调查问题产生的根本原因，设计解决方案，避免问题重复产生。

任务工单 9-2

任务工单 9-2 如图 9-7 所示。

项目名称：		任务名称：	
学号：		姓名：	
任务描述			
某 3C 产品品牌多年来专注于音频技术的研究开发与产品应用，旗下产品线涵盖多媒体电脑音箱、家用音响、汽车音响、耳机等领域，素以卓越音质、优良做工和前瞻设计而闻名，产品屡获国际权威大奖，在业内有着极高的知名度和良好口碑。随着网络逐渐成为产品的购买渠道，该品牌入驻了抖音电商，越来越重视线上运营。近期在冲击高端市场时，由于运营的失误，该品牌出现了一系列的售后问题。客服主管决定对所有直播客服人员展开售后问题的专题培训，其内容主要包括运用售后服务工作技巧、处理客户投诉、维护私域流量。			
任务实施			

在处理客户投诉的培训方面，主要针对分析客户投诉和妥善处理客户投诉两个问题。

任务一：分析客户投诉

为了使直播客服人员更快速地学习实践技巧，客服主管将客户投诉的内容作为案例来讲解，以下是投诉内容。请针对投诉内容，分析出客户投诉的原因，填写在下表中。

客户 A：这都一星期了，怎么还没发货？再不发货就退款吧。

客户 B：你们店的客服人员也太不负责任了吧，在买的时候推荐我用这个型号，到货了我发现这个型号和我的手机根本不匹配，这怎么用啊？

客户	投诉原因

任务二：妥善处理客户投诉

客服主管要求直播客服人员妥善处理上述客户投诉的问题，将处理客户投诉的流程填写在下图中，并将投诉案例进行记录，将记录结果填在下表中。

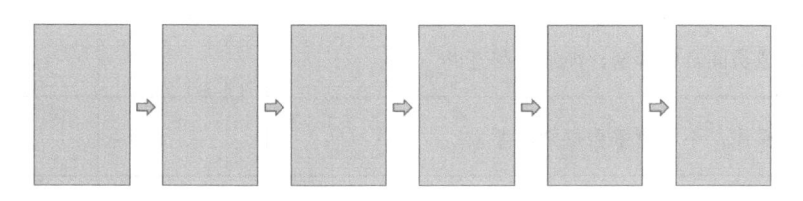

□ ⇒ □ ⇒ □ ⇒ □ ⇒ □ ⇒ □

投诉时间		投诉人	
投诉商品			
解决方案			
客户反馈			

教师点评

图 9-7 任务工单 9-2

任务评价

基于学生在学习、探究、训练时的课堂表现及完成结果，参照表9-15所示的考核内容及要求对学生进行评分，每条考核内容及要求的分值为10分，学生总得分=30%×学生自评得分+30%×教师评价得分+40%×企业评价得分。

表9-15　学生考核表（二十五）

类别	考核项目	考核内容及要求	学生自评得分（30%）	教师评价得分（30%）	企业评价得分（40%）
技术考核	质量	能够复述客户投诉的内容			
		能够阐述客户投诉的处理流程			
		能够分析客户投诉的原因			
		能够绘制客户投诉的处理流程图			
		能够妥善处理客户投诉			
		能够填写客户投诉信息表			
非技术考核	态度	学习态度认真、细致、严谨，讨论积极，发言踊跃			
	纪律	遵守纪律，无无故缺勤、迟到、早退行为			
	协作	小组成员间合作紧密，能够互帮互助			
	文明	合规操作，不违背平台规则、要求			
总计					

存在的问题	解决问题的方法

任务三　维护私域流量

任务描述

在竞争日益激烈的电商环境中，客户成为店铺发展所必备的重要资源。为了更好地吸引客户、留住客户，店铺建立了面向不同客户的社群，小李负责其中两个社群的维护。虽然小李已经在客服岗位上工作了一段时间，但是对维护私域流量这方面不是很熟悉，她决定请教直播客服组组长。

任务目标

1. 了解活跃私域流量客户的方式；
2. 熟悉挖掘私域流量客户价值的途径；
3. 能够活跃私域流量客户；
4. 能够挖掘私域流量客户的价值；
5. 具备主动营销的能力。

任务准备

1. 确保网络和电脑设备正常且稳定；
2. 准备好笔记本，方便在学习过程中进行记录；
3. 提前对维护私域流量的内容进行初步了解，对有疑惑或者不清楚的内容进行记录。

任务实施

子任务1　活跃私域流量客户

通过运用私域流量运营模式，企业或者商家可以有效地接触到客户，并以更低的成本促进客户的转化。其中较常见的方式是鼓励客户反馈、产品的上新与优惠。

活动1：鼓励客户反馈

作为直播客服人员，可以鼓励客户在社群内进行反馈，以活跃私域流量客户。直播客服人员可以设置分享奖励，让社群内的客户主动晒出自己的商品。对于新客户，可以鼓励其晒图，奖励优惠券，促成新客户的后期购买；对于老客户，可以鼓励其交流购买经验，奖励不同等级的折扣卡，使老客户拥有特权体验感。

小李负责的两个群分别是新粉群和VIP1群：新粉群的进群条件是粉丝灯牌1级，购买金额80元以上；VIP1群的进群条件是粉丝灯牌3级，购买金额200元以上。小李在鼓励客户反馈方面制订了不同的计划，如表9-16所示。

表9-16　鼓励客户反馈计划表

群名称	所属类型	反馈方式	奖励机制
新粉群	新客户	收到商品后在群里晒图	晒图一次，奖励一张10元优惠券或者会员积分
VIP1群			

活动2：产品的上新与优惠

直播客服人员可以在社群内主动宣传店铺即将推出的新产品，对即将上新的产品进行预热，让客户提前知晓产品上新的时间，也可以向群内客户透露少量上新图片，使其对上新产品充满期待，以此活跃私域流量客户。直播客服人员可以设置不同的优惠领取条件，如对群内上新信息回复前十名的客户，每人可以领取新品八折卡。

在产品的上新与优惠方面，小李针对两个群设置了不同的上新优惠名额领取条件，将结果填写在了表9-17中。

表9-17　上新优惠名额领取条件表

群名称	所属类型	上新优惠名额领取条件
新粉群	新客户	对群内上新信息回复前五名的客户
VIP1群		

课堂小练

小李经过学习，了解了活跃私域流量客户的方式，现在需要对在抖音平台管理的两个粉丝群（粉丝群的入群门槛见表 9-18）完成鼓励客户反馈、产品的上新与优惠两项活动。请同学们按照上述操作，帮助小李活跃私域流量客户，完成具体内容的填写。

表 9-18　粉丝群的入群门槛

群名称	入群门槛
仙女群	粉丝灯牌 1 级，购买金额 100 元以上
富婆群	粉丝灯牌 5 级，购买金额 500 元以上

1. 鼓励客户反馈

小李针对以上群信息，分别制订鼓励客户反馈计划，将结果填在了表 9-19 中。

表 9-19　两个粉丝群的鼓励客户反馈计划

群名称	所属类型	反馈方式	奖励机制
仙女群			
富婆群			

2. 产品的上新与优惠

在产品的上新与优惠方面，小李针对两个粉丝群分别设置了不同的上新优惠名额领取条件，将结果填写在了表 9-20 中。

表 9-20　两个粉丝群的上新优惠名额领取条件

群名称	所属类型	上新优惠名额领取条件
仙女群		
富婆群		

子任务 2 挖掘私域流量客户的价值

活动 1：客户关怀

在挖掘私域流量客户的价值时，作为直播客服人员，要对社群里的客户从被动关怀转为主动关怀，可通过生活小事带给客户关怀，以此维护客户关系，挖掘客户的价值。比如，在节假日发送消息进行问候；每隔一段时间，打电话问候客户；在客户生日时送上相关产品。

小李根据两个群不同的特点，制订了客户关怀周计划，以表格的形式呈现，客户关怀周计划包括客户关怀时间、客户群名称、客户群类型、客户关怀方式（见表 9-21）。

表 9-21　客户关怀周计划

客户关怀周计划					
客户关怀时间			客户关怀时间		
周三 8:00—9:00pm					
客户群名称	客户群类型	客户关怀方式	客户群名称	客户群类型	客户关怀方式
VIP1 群	老客户	日常聊天、问题解答			

活动 2：客户回访

为了了解客户满意度，收集客户对店铺发展的意见和建议，直播客服人员需要定期对客户进行回访。这样不仅可以得到客户的认同，还可以挖掘客户的价值，吸引他们后期进行消费。

直播客服组组长交给小李一份回访客户信息表（见表 9-22），要求小李根据客户的信息来进行回访。

表 9-22　回访客户信息表

客户 ID	性别	联系电话	最近一次交易日期	购买物品	购买频率（次/月）	购买金额（元/月）
鹿蓝蓝	女		2022/12/2	大红袍	1.5	198
胡椒粉	男		2022/11/26	小青柑	1.2	208
珂珂	男		2023/01/08	金骏眉	2.2	135
小昕 680	女		2023/01/20	龙井	2.5	120

作为直播客服人员,在客户回访中需要明确回访目的、回访方式、回访时机,按照流程对客户进行回访。小李根据直播客服组组长给的客户资料,对不同客户进行了回访,完成之后,填写了回访客户情况登记表,如表 9-23 所示。

表 9-23 回访客户情况登记表

回访人	
回访目的	□宣传产品/服务　　□联络感情　　□了解客户需求　　□收集评价建议
回访方式	□直接回访　　□间接回访
回访时机	

课堂小练

小李经过学习,了解了挖掘私域流量客户价值的途径,现在需要对在抖音平台管理的两个粉丝群完成客户关怀、客户回访。请同学们按照上述操作,帮助小李活跃私域流量客户,完成具体内容的填写。

1. 客户关怀

小李根据两个粉丝群不同的特点,制订了客户关怀周计划,如表 9-24 所示。

表 9-24 客户关怀周计划

客户关怀周计划					
客户关怀时间			客户关怀时间		
客户群名称	客户群类型	客户关怀方式	客户群名称	客户群类型	客户关怀方式

2. 客户回访

直播客服组组长交给小李一份回访客户信息表,要求小李根据客户的信息来进行回访。小李根据客户资料,对不同客户进行了回访,完成之后,填写了回访客户情况登记表。

法治课堂

保障客户的信息安全

电子商务购物是提高人民生活水平的新颖购物方式。然而，在享受互联网便捷购物方式的同时，客户个人信息泄露问题也相应地凸显。中国电子商务投诉和维权公共服务平台近年来受理的数十万起投诉案件表明，部分电子商务平台因客户信息泄露、平台账户被盗，而遭受经济损失。由此可见，电子商务中客户个人信息泄露问题屡禁不止，个人信息权保护的重要性不容小觑。

2021年11月1日，《中华人民共和国个人信息保护法》正式施行，回应了个人信息安全法治保障的客观现实需求，符合人民群众对个人信息权法律保护的愿望和期盼，顺应了互联网市场经济发展的要求，为我国个人信息保护提供了重要法律依据。但在实践中，法律法规的更新速度还达不到互联网发展的速度，因此在电子商务中充分保障客户的个人信息权任重道远。

电子商务交易形式的法治化、电商平台技术的发展、商家素质的提高和客户维权意识的增强，都会让互联网电子商务市场有序运转。我们更应正视信息的资源属性和利用需求，建立高效的网络信息治理机制，促进我国电商行业健康、稳定运行。

任务拓展

请同学们结合任务描述及任务实施的内容，针对直播电商的客户满意度，整理出测评指标，整个过程需要符合以下要求：

1．指标设计合理；
2．指标评价内容完整。

任务工单 9-3

任务工单 9-3 如图 9-8 所示。

项目名称：		任务名称：
学号：		姓名：
任务描述		
某 3C 产品品牌多年来专注于音频技术的研究开发与产品应用，旗下产品线涵盖多媒体电脑音箱、家用音响、汽车音响、耳机等领域，素以卓越音质、优良做工和前瞻设计而闻名，产品屡获国际权威大奖，在业内有着极高的知名度和良好口碑。随着网络逐渐成为产品的购买渠道，该品牌入驻了抖音电商，越来越重视线上运营。近期在冲击高端市场时，由于运营的失误，该品牌出现了一系列的售后问题。客服主管决定对所有直播客服人员展开售后问题的专题培训，其内容主要包括运用售后服务工作技巧、处理客户投诉、维护私域流量。		

图 9-8 任务工单 9-3

任务实施

在维护私域流量的培训方面,主要针对活跃私域流量客户和挖掘私域流量客户的价值两个问题。

任务一:活跃私域流量客户

为了使直播客服人员更快速地学习到实践技巧,客服主管从目前公司的粉丝群中筛选出两个群作为案例来讲解,以下是粉丝群的入群门槛。

群名称	入群门槛
新粉群	粉丝灯牌 2 级,购买金额 500 元以上
铁粉群	粉丝灯牌 5 级,购买金额 1500 元以上

客服主管要求直播客服人员针对以上群信息,分别制订鼓励客户反馈计划,将结果呈现在下表中。

群名称	所属类型	反馈方式	奖励机制
新粉群			
铁粉群			

另外,客服主管还要求直播客服人员在产品的上新与优惠方面,对两个群分别设置不同的上新优惠名额领取条件,将结果填在下表中。

群名称	所属类型	上新优惠名额领取条件
新粉群		
铁粉群		

任务二:挖掘私域流量客户的价值

客服主管要求直播客服人员制订每周的客户关怀计划,并在群内挑选两位客户进行回访,完成后填写客户回访信息,将结果填在下面的表中。

客户关怀周计划					
客户关怀时间			客户关怀时间		
客户群名称	客户群类型	客户关怀方式	客户群名称	客户群类型	客户关怀方式

回访人	
回访目的	□宣传产品/服务　□联络感情　□了解客户需求　□收集评价建议
回访方式	□直接回访　　　□间接回访
回访时机	

教师点评

图 9-8　任务工单 9-3(续)

任务评价

基于学生在学习、探究、训练时的课堂表现及完成结果，参照表 9-25 所示的考核内容及要求对学生进行评分，每条考核内容及要求的分值为 10 分，学生总得分=30%×学生自评得分+30%×教师评价得分+40%×企业评价得分。

表 9-25 学生考核表（二十六）

类别	考核项目	考核内容及要求	学生自评得分（30%）	教师评价得分（30%）	企业评价得分（40%）
技术考核	质量	能够阐述活跃私域流量客户的方式			
		能够阐述挖掘私域流量客户价值的途径			
		能够通过鼓励客户反馈的方式活跃私域流量客户			
		能够通过产品上新与优惠的方式活跃私域流量客户			
		能够通过客户关怀的方式挖掘私域流量客户的价值			
		能够通过客户回访的方式挖掘私域流量客户的价值			
非技术考核	态度	学习态度认真、细致、严谨，讨论积极，发言踊跃			
	纪律	遵守纪律，无无故缺勤、迟到、早退行为			
	协作	小组成员间合作紧密，能够互帮互助			
	文明	合规操作，不违背平台规则、要求			
总计					

存在的问题	解决问题的方法

【学习笔记】

通过对本篇内容的学习,请同学们结合自己的学习情况,总结出自己认为本篇应当掌握的重难点及学习感悟。

反侵权盗版声明

电子工业出版社依法对本作品享有专有出版权。任何未经权利人书面许可，复制、销售或通过信息网络传播本作品的行为；歪曲、篡改、剽窃本作品的行为，均违反《中华人民共和国著作权法》，其行为人应承担相应的民事责任和行政责任，构成犯罪的，将被依法追究刑事责任。

为了维护市场秩序，保护权利人的合法权益，我社将依法查处和打击侵权盗版的单位和个人。欢迎社会各界人士积极举报侵权盗版行为，本社将奖励举报有功人员，并保证举报人的信息不被泄露。

举报电话：（010）88254396；（010）88258888
传　　真：（010）88254397
E-mail：dbqq@phei.com.cn
通信地址：北京市万寿路173信箱
　　　　　电子工业出版社总编办公室
邮　　编：100036